JULES SANDEAU.

VALCREUSE

III

PARIS
DESESSART, ÉDITEUR,
8, RUE DES BEAUX-ARTS.

M DCCC XL VII

VALCREUSE.

ROMANS
DE MADAME LA COMTESSE DASH.

	vol.	fr.	c.
LE JEU DE LA REINE.	2 in-8	15	»
MADAME LOUISE DE FRANCE	1 in-8	7	50
L'ÉCRAN	1 in-8	7	50
MADAME DE LA SABLIÈRE	1 in-8	7	50
LA CHAÎNE D'OR	1 in-8	7	50
LE FRUIT DÉFENDU	4 in-8	30	»
LA MARQUISE DE PARABÈRE	2 in-8	15	»
LES BALS MASQUÉS	2 in-8	15	»
LE COMTE DE SOMBREUIL	2 in-8	15	»
LE CHATEAU DE PINON	2 in-8	15	»
LA POUDRE ET LA NEIGE	2 in-8	15	»
MADAME LA PRINCESSE DE CONTI	2 in-8	15	»
MADEMOISELLE DE LA TOUR DU PIN	2 in-8	15	»
LE MEUNIER D'ANGIBAULT, par *George Sand*	3 in-8	22	50
LES GROTESQUES, par *Th. Gautier*	2 in-8	15	»
MILLA ET MARIE, par *Jules Sandeau*	2 in-8	15	»
LE CAFÉ DE LA RÉGENCE, par *A. Houssaye*	2 in-8	15	»
UNE LARME DU DIABLE, par *Th. Gautier*	1 in-8	7	50
LA COMÉDIE DE LA MORT, par *Th. Gautier*	1 in-8	7	50
SUZANNE et la CONFESSION DE NAZARILLE, par *E. Ourliac*	2 in-8	15	»
FERNAND, par *Jules Sandeau*	1 in-8	7	50
DEUX TRAHISONS, par *Auguste Maquet*	2 in-8	15	»
TEVERINO, par *George Sand*	2 in-8	15	»
CATHERINE, par *Jules Sandeau*	2 in-8	15	»
LA MARE AU DIABLE, par *George Sand*	2 in-8	15	»
LUCREZIA FLORIANI, par *George Sand*	2 in-8	15	»
LES ROUÉS INNOCENTS, par *Théophile Gautier*	1 in-8	7	50
MILITONA, par *le même*	1 in-8	7	50

Sous Presse:

	vol.
L'Étoile d'Orient, par Mme la comtesse *Dash*.	2 in-8.
La Peau de Tigre, par *Théophile Gautier*	2 in-8.
Le Piccinino, par *George Sand*	2 in-8.
Or et Fer, par *Félix Pyat*	2 in-8.

Impr. de E. Dépée, à Sceaux (Seine.)

JULES SANDEAU.

VALCREUSE

III

PARIS
DESESSART ÉDITEUR,
8, RUE DES BEAUX-ARTS.

M DCCC XL VII
1848

I

A part les préoccupations politiques qui chaque jour devenaient de plus en plus envahissantes, le château de Valcreuse paraissait avoir recouvré la paix et le bonheur. Le retour d'Hector était un gage de sécurité. Quoique le Bocage ne se fût pas encore soulevé, cependant la sourde agitation qui régnait dans le pays était, depuis quelques mois, un grave sujet d'inquiétude ; la présence de M. de Valcreuse avait pleinement rassuré sa famille. L'abbé se sentait délivré d'une responsabilité trop lourde pour son âge; mademoiselle Armantine voyait dans son frère un protecteur qui devait éloigner tout danger. Irène, qui avait toujours eu pour Hector une affection enthousiaste, se croyait, près de lui, hors de l'atteinte du malheur. Ne doutant plus que M. de Kernis ne fût désormais en lieu de sûreté, oubliant déjà ce qu'elle avait souffert, pleine de confiance dans l'avenir, elle avait repris sa joyeuse humeur. M. de Valcreuse soutenait avec une inébranlable persévérance le mensonge qu'il avait avancé devant toute sa maison. Chaque fois qu'il se trouvait avec Gabrielle en présence de sa sœur et d'Irène, il la traitait avec une déférence si empressée, il lui témoignait tant de bienveillance et de courtoisie, qu'elles devaient croire à la réalité du récit qu'elles avaient entendu. Mademoiselle Armantine, pour réparer l'injustice dont elle s'était rendue coupable en accusant madame de Valcreuse, convaincue, d'ailleurs, qu'elle avait exposé sa vie pour aller rejoindre son mari, l'accablait de tendresse et de prévenances, et, comme la bonne demoiselle ne savait garder de mesure en rien, elle apportait, dans l'expression de sa reconnaissance, une vivacité, une abondance de paroles qui étaient, pour sa belle-sœur, un supplice de tous les instants. Irène, de son côté, pour expier la jalousie qui l'avait si cruellement torturée, et qu'elle avait si franchement avouée, redoublait, près de sa cousine, de soins et de caresses. Enfin, l'abbé lui-même, qui ne croyait pas Gabrielle aussi coupable que pouvaient le donner à penser sa fuite et l'explosion de colère de M. de Valcreuse, l'abbé n'avait jamais ressenti pour elle une sympathie plus profonde, plus évangélique. D'ailleurs, lors même qu'il eût douté de son innocence et de sa pureté, comme il pratiquait, dans toute son étendue, la charité chrétienne, il aurait encore été plein d'indulgence pour son égarement, il l'aurait encore accueillie avec une bonté miséricordieuse. Ainsi, rien ne paraissait changé; ils semblaient tous unis dans un même sentiment d'a-

mour; et pourtant, cette paix apparente
cachait un trouble profond; sous cette sur-
face tranquille, il y avait un abîme de désespoir.

Depuis le jour où M. de Valcreuse avait
recueilli sa femme à son bord, ses sentiments n'avaient pas fléchi. Sous la déférence, sous la courtoisie, Gabrielle devinait
la résolution irrévocable de ne pas pardonner. Il évitait avec soin toute occasion de
rester seul avec elle, et lorsque le hasard
les réunissait, il gardait un silence glacé.
Gabrielle se sentait jugée, condamnée sans
retour. Ce n'était pas l'amour de son mari
qu'elle regrettait, car cet amour, elle
n'avait jamais cru le posséder, et cette
croyance était la seule excuse qui pût

à ses yeux, atténuer la faute qu'elle se reprochait. Ce n'était pas l'amour d'Hector qu'elle cherchait, qu'elle appelait; car si elle n'avait pas su le conquérir lorsqu'elle était à l'abri même de tout soupçon, maintenant que les apparences l'accusaient, comment pouvait-elle espérer gagner le cœur qu'elle avait cru fermé jusque-là? Mais elle se sentait digne encore de l'estime de son mari, elle se sentait digne de la place qu'il lui avait rendue, et pourtant, elle comprenait qu'aux yeux de M. de Valcreuse, elle ne pourrait jamais se réhabiliter. C'était là désormais le malheur de sa vie. Écrasée sous le poids d'un mépris qu'elle ne méritait pas, elle s'agitait, elle se débattait vainement pour reprendre, dans la pensée de M. de Valcreuse, le rang qui lui appartenait. Devant cette préoccupation exclusive, tout s'était effacé; l'image même de M. de Kernis avait pâli. Comment se justifier, comment prouver qu'elle était sortie pure et sans tache de l'épreuve périlleuse qu'elle venait de traverser? Comment oser l'affirmer devant l'homme qui l'avait surprise s'enfuyant avec son complice? Essayer seulement une justification, n'était-ce pas faire injure à sa raison, n'était-ce pas lui attribuer une crédulité ridicule? Le monde entier se fût-il levé pour proclamer son innocence, M. de Valcreuse aurait encore eu le droit d'en douter. Recouvrer l'estime de son mari était devenu pour Gabrielle une sorte de passion; c'était le rêve de toutes ses nuits, l'ambition constante de toutes ses journées. Elle se résignait sans murmurer à l'indifférence, mais elle ne pouvait se résigner au mépris. Plusieurs fois déjà elle avait essayé de parler, mais toujours la parole expirait sur ses lèvres ; sa pudeur même s'alarmait à la seule pensée d'entamer sa défense.

Un soir pourtant, comme mademoiselle Armantine venait de les quitter et qu'Hector, demeuré seul avec sa femme, se disposait à s'éloigner, Gabrielle se leva brusquement, et, lui prenant la main pour le retenir :

— Restez, lui dit-elle, au nom de Dieu, restez, écoutez-moi.

— Qu'avez-vous à me dire ? demanda

M. de Valcreuse, attachant sur elle un regard étonné.

— Un instant, un seul instant, reprit-elle d'une voix suppliante. Laissez-moi vous parler. Quand vous m'aurez entendue, soyez muet pour moi, ne me regardez plus, que je sois pour vous une étrangère, je ne me plaindrai pas.

— Eh bien ! répondit froidement M. de Valcreuse, je vous écoute, parlez.

Gabrielle, le front couvert de rougeur, balbutia quelques mots confus ; M. de Valcreuse l'interrompit aussitôt.

— Pourquoi vous justifier ? vous ai-je

accusée? lui dit-il. Depuis que je vous ai ramenée, avez-vous surpris dans mon regard, dans mon accent, l'intention même d'un reproche? N'êtes-vous pas ici, comme avant mon départ, entourée de respect et d'obéissance?

En achevant ces mots, il s'inclina avec une froide politesse et sortit.

Écrasée par cette réponse, Gabrielle se tordit les bras et s'abîma dans sa douleur. Elle n'avait jamais compris si clairement toute l'horreur de sa situation. Seule, au coin du foyer désert, face à face avec sa destinée, elle se prit à pleurer. Placé à quelques pas derrière elle, l'abbé, qui venait d'entrer et qu'elle n'avait pas entendu, la contemplait avec une ineffable compassion. Il s'approcha d'elle, et d'une voix où respirait l'affection la plus tendre, la plus indulgente :

— Pleurez, ma fille, pleurez, lui dit-il; les larmes sont bénies de Dieu.

A ces mots, madame de Valcreuse, dans un élan de désespoir, se jeta à ses pieds, embrassa ses genoux.

— Sauvez-moi, mon ami, mon père! sauvez-moi, s'écria-t-elle en sanglotant.

— Que vous avez tardé, ma fille, à pousser ce cri de détresse ! répondit l'abbé en la relevant et en la pressant tristement sur son cœur. Pourquoi n'êtes-vous pas venue à moi plus tôt ? Si vous vous étiez confiée à votre vieil ami, peut-être aurais-je pu prévenir bien des malheurs. Vous avez attendu bien longtemps; mais parlez. Si le passé est irréparable, je pourrai du moins pleurer avec vous. Si les plaies de votre âme ne sont pas de celles qui se ferment, Dieu m'inspirera, je les panserai d'une main sûre et j'adoucirai vos souffrances.

— Ah ! vous aussi, s'écria-t-elle en s'arrachant de ses bras, vous aussi vous me croyez flétrie, perdue sans retour ?

— Si je le croyais, mon enfant, serait-ce une raison pour vous de douter de mon cœur, de la bonté de Dieu ?

— Ah! vous le croyez, vous croyez à ma honte, à mon déshonneur, s'écria madame de Valcreuse avec un accent de douleur déchirant.

— Je crois à vos souffrances, à votre désespoir. Vous pleurez, ma fille, il n'est pas de souillures que les larmes ne puissent effacer.

— O mon Dieu! s'écria-t-elle, ma faute est grande, je le sais; mais vous me connaissez, mon Dieu! Si j'étais flétrie, si j'étais souillée, je n'aurais jamais consenti à rentrer sous ce toit; je n'usurperais pas une place dont je me sentirais tout-à-fait indigne. Oh! je suis bien coupable, ma faute est grande; mais, si bas que je sois tombée, vous le savez, mon Dieu, je puis encore me relever, car je suis restée pure malgré mon égarement, mon repentir peut s'asseoir au foyer de mon mari.

Un éclair de joie illumina le front de l'abbé.

— Vous êtes pure, mon enfant. Ah! je le savais, je n'ai jamais douté de vous.

— Mais il ne le croit pas, lui! il m'écrase de son mépris, il me condamne, il refuse de m'entendre.

— Je vous écoute, ma fille, Dieu ne m'a pas placé sans dessein entre vous et M. de

Valcreuse. Peut-être suis-je destiné à servir de lien entre le repentir et le pardon. Ouvrez-moi donc tout entier ce cœur que vous m'avez si longtemps fermé. Racontez-moi les orages qui ont dévasté votre vie ; que j'apprenne de votre bouche ce que je n'ai pu qu'entrevoir et deviner. Gabrielle, Hector, malheureux enfants ! Si je n'ai pu prévenir la tempête qui vous a séparés et jetés meurtris sur la plage, je pourrai du moins vous relever, vous ranimer, vous réunir dans mes bras.

Il fit asseoir Gabrielle, lui prit les mains, et l'écouta sans l'interrompre. Enfin, madame de Valcreuse laissa échapper de son sein tous les secrets douloureux qu'elle y avait enfermés si longtemps. Elle raconta comment elle avait connu M. de Kernis, comment elle l'avait aimé, pourquoi ils s'étaient quittés, quelle ruse les avait séparés, comment, se croyant dégagée de ses premiers serments, elle avait épousé Hector. Elle raconta ses luttes, ses remords, ses défaillances; comment son cœur, un instant apaisé, avait été de nouveau bouleversé, en apprenant que M. de Kernis n'était pas marié; de quel effroi elle avait été saisie à son arrivée au château; ce qu'elle avait souffert en sa présence.

Plus d'une fois, pendant cette première partie de son récit, Gabrielle, suffoquée par ses sanglots, fut obligée de s'arrêter; plus d'une fois l'abbé, en l'écoutant, sentit ses joues baignées de larmes. Il pardonnait maintenant à la tristesse qu'il avait jugée autrefois avec tant de sévérité. Tous les secrets qu'il avait entrevus confusément s'éclairaient d'une éclatante lumière. Il comprenait toute la noblesse de l'âme qui s'ouvrait à lui, et, voyant les tortures qu'elle avait endurées, pénétré de respect, il était prêt à s'agenouiller devant tant de douleur et tant de vertu.

Arrivée à la nuit fatale où elle s'était enfuie avec M. de Kernis, comme Gabrielle hésitait :

— Continuez, dit l'abbé avec bonté. Quoi que vous puissiez m'apprendre, quoi qu'il vous reste à m'avouer, vous avez tant souffert que vous avez d'avance mérité votre pardon.

Madame de Valcreuse acheva son récit. Elle ne déguisa aucune de ses faiblesses, aucun de ses égarements. Elle dit tout ce qui s'était passé dans son cœur depuis l'heure où elle était allée à la ferme pour sauver M. de Kernis, jusqu'à l'heure où elle était rentrée au bras de son mari, et, quand elle eut achevé, elle baissa la tête et attendit l'arrêt de son juge.

— Vous avez été coupable, ma fille, reprit l'abbé d'une voix grave. Vous vous êtes laissé abuser par la passion; vous avez saisi avec empressement tous les prétextes qui s'offraient à vous pour céder à l'entraînement secret de votre cœur. Vous avez cru partir pour sauver M. de Kernis, et vous partiez pour le suivre ; vous avez cru n'être que généreuse, et vous étiez déjà coupable. Dieu, qui juge nos intentions, Dieu vous a punie en permettant l'accomplissement du vœu insensé que vous aviez formé et que vous n'osiez vous avouer à vous-même. Un instant vous avez souhaité que le vent pût vous emporter loin de nous, sur une terre étrangère, avec l'homme que vous aimiez : Dieu a lu dans votre cœur, et, pour vous châtier d'un rêve criminel, il en a fait une réalité terrible. Humiliez-vous devant sa justice, bénissez sa bonté ; s'il a déchaîné la tempête, c'était pour vous ramener au port que vous vouliez quitter à jamais.

— Mais lui, dit Gabrielle d'une voix plaintive, mais M. de Valcreuse! il ne sait rien, il ne veut rien entendre.

— Il m'entendra, il saura tout, repartit l'abbé avec assurance ; ne désespérez pas de l'avenir.

— L'avenir, dit Gabrielle en secouant tristement la tête ; je n'attends rien de l'avenir. Ma destinée ici-bas est dès à présent accomplie. Que M. de Valcreuse sache que je suis pure, qu'en me ramenant il n'a pas ramené la honte chez lui, que je peux paraître devant lui, sinon tête haute, du moins sans rougir, et j'abandonne ma part de bonheur sur la terre, en expiation du mal que j'ai fait.

L'abbé quitta Gabrielle le cœur plein de confiance ; rien ne lui semblait plus facile que la tâche qu'il venait d'accepter. Il allait jusqu'à s'étonner que Gabrielle n'eût pas réussi à convaincre M. de Valcreuse comme elle venait de le convaincre lui-même. Il connaissait la générosité d'Hector, il savait combien il était aisé à cette âme loyale de croire au bien : il ne doutait pas du succès de son entreprise. Il se disait, dans sa crédulité naïve, qu'Hector et Gabrielle, malgré les rudes épreuves qu'ils venaient de traverser, pouvaient encore espérer de beaux jours, qu'ils n'étaient pas désunis à jamais. Cependant, à mesure qu'il réfléchissait sur la manière dont il entamerait avec Hector l'explication qui devait tout concilier, il apercevait des difficultés auxquelles il n'avait pas songé; il se heurtait à des obstacles qu'il n'avait pas prévus. Par où commencer? Gabrielle était pure, l'abbé n'en doutait pas ; mais comment le prouver? Quand il voulut aborder cette question délicate, M. de Valcreuse l'arrêta court d'un ton résolu. Un sourire amer effleura ses lèvres, et l'abbé interdit, renonçant au plaidoyer victorieux qu'il avait arrangé dans sa tête, se tut et baissa les yeux. Toutefois, il n'abandonna pas la partie. Quelques jours plus tard, il revint à la charge. M. de Valcreuse ne dissimula pas son étonnement et son impatience. Son front s'assombrit, sa bouche se contracta dédaigneusement.

— Brisons là, mon cher abbé, dit-il en

l'interrompant dès les premiers mots. Personne ici n'a besoin de justifier madame de Valcreuse, puisque je l'ai ramenée. Je ne l'accuse pas, je ne lui reproche rien. Elle est ici comme autrefois, respectée, honorée, aimée ; seulement ne me parlez jamais d'elle : c'est mon souhait, mon espérance, ma volonté.

Ces paroles, prononcées avec un accent qui ne permettait pas de réplique, mirent fin à l'entretien à peine commencé ; l'abbé se retira la mort dans le cœur, comprenant qu'il y avait entre Hector et Gabrielle un abîme dont il mesurait pour la première fois la profondeur.

Les choses en étaient là au château de Valcreuse quand la guerre civile éclata.

II

La constitution civile du clergé avait profondément blessé les sentiments religieux du Bocage ; la mort du roi jeta dans la stupeur tous les paysans de ces campagnes. Cependant, malgré la sourde colère qui les agitait, ils ne songeaient pas encore à se soulever contre le gouvernement nouveau. La levée de trois cent mille hommes, décrétée par la Convention nationale le 25 février 1793, mit le comble à leur exaspération, et le jour fixé pour l'exécution de ce décret fut le premier jour de l'insurrection. Tout était préparé pour l'incendie ; ce décret fut l'étincelle qui l'alluma ; en un instant tout fut en feu. Les paysans, d'un commun accord, sans s'être même concertés, sommèrent les seigneurs de se mettre à leur tête, et protestèrent, à main armée, contre la loi qui les frappait. Il fallait un cri de ralliement : le soulèvement se fit au cri de : Vive le roi ! mais en réalité, cette manifestation était dictée par l'intérêt personnel. Le sentiment de dévouement chevaleresque à la royauté, qu'on a prêté à tous les habitants du Bocage, n'existait que chez quelques jeunes chefs sans ambition, exaltés par leurs traditions de famille, âmes loyales et généreuses, passionnées pour le parti des vaincus, qui formaient seuls, à vrai dire, la partie glorieuse et poétique de cette guerre.

M. de Valcreuse n'avait pas attendu le signal pour se préparer à la résistance. Il n'attendit pas que ses paysans vinssent le chercher pour se mettre à leur tête. Il apporta dans cette entreprise une ardeur, un enthousiasme que ses convictions politiques n'auraient pas suffi à entretenir : il obéissait à une agitation fiévreuse que l'abbé observait avec inquiétude et essayait vainement de calmer. Espérait-il que l'insurrection, une fois propagée dans tout le pays, rouvrirait à M. de Kernis les côtes de la France? Cherchait-il, dans le tumulte des camps, dans les dangers des champs de bataille, une diversion puissante au chagrin qui minait sa vie? ou bien enfin, las de sa destinée, voulait-il demander à la guerre une mort glorieuse? Quoi qu'il en soit, un des premiers il tint la campagne. Il fut un de ces chefs de partisans qui opéraient sur les limites du Marais et du Bocage, qui tantôt s'associaient aux mouvements militaires de Charette, tantôt ne prenaient conseil que de leur volonté et agissaient pour leur propre compte.

Dans la matinée du jour où M. de Valcreuse devait entrer en campagne, le château et les environs offraient un aspect inaccoutumé. Le tocsin sonnait depuis la veille et répondait au tocsin des communes voisines. Des paysans en sabots, armés de mousquets, de tromblons, de faulx, de piques ou de bâtons, étaient groupés sans ordre dans la plaine; d'autres arrivaient de tous les points de l'horizon, descendaient des collines environnantes et venaient se joindre aux groupes déjà formés. Dans l'église, au pied du calvaire qui dominait la plaine, les femmes agenouillées priaient avec ferveur pour le succès de l'entreprise.

La cour du château était encombrée de chevaux, d'armes qu'on distribuait aux nouveaux venus. Les serviteurs s'occupaient à fondre des balles, à faire des cartouches, à aiguiser les sabres rouillés. Rosette allait de la plaine au château et du château à la plaine, se mêlant à tous les groupes, recueillant tous les propos, regardant et touchant les armes avec une curiosité sauvage, joyeuse du bruit et du mouvement, joyeuse sans savoir pourquoi.

Le salon ne présentait pas un coup d'œil moins animé. Quelques gentilshommes du voisinage, qui venaient se ranger sous les ordres de M. de Valcreuse, se pressaient autour de lui. Ils étaient jeunes, beaux, et portaient fièrement leur costume simple et sévère : les pistolets damasquinés étincelaient à leur ceinture. Hector les dépassait tous de la tête et les dominait du regard.

Il avait retrouvé, comme par enchantement, au milieu du bruit des armes, l'attitude énergique et mâle qui, sur le pont de son navire, imposait l'obéissance et le respect. Ce n'était plus l'homme qui s'était révélé à Gabrielle dans les habitudes de la vie privée; c'était un homme nouveau, transfiguré. Son œil était à la fois calme et hardi; le génie des combats rayonnait sur son front; sa voix prenait, à son insu, l'accent du commandement. Il leur expliquait le plan de la campagne qu'il avait conçue, et tous l'écoutaient avec déférence. Assises autour d'une table, mademoiselle Armantine, Gabrielle et Irène faisaient des cocardes blanches et brodaient les sacrés-cœurs, signe commun de ces nouveaux croisés.

Ces préparatifs de guerre ne déplaisaient pas à mademoiselle Armantine ; ils lui rappelaient les plus beaux temps de la chevalerie. Ses yeux se portaient avec complaisance sur les jeunes gentilshommes rangés en cercle autour de son frère; elle regrettait seulement de ne pas les voir marcher au combat, protégés par la devise et les couleurs de leurs dames. Elle faisait, d'ailleurs, bonne figure et ne s'effrayait pas, comme on pourrait le croire; malgré la frivolité de son esprit, le sang guerrier de ses aïeux lui donnait, dans les grandes occasions, une énergie inattendue et presque virile. Bien qu'élevée au milieu des mouches et des paniers, elle ne haïssait ni le bruit du canon ni l'odeur de la poudre. Dans ses rêves poétiques, elle songeait plus volontiers à Clorinde qu'à Herminie.

Irène contemplait M. de Valcreuse avec une admiration qui tenait de l'extase ; de temps en temps, elle se penchait à l'oreille de sa cousine et lui disait d'une voix émue :

— Regarde Hector, vois comme il est beau.

A ces mots Gabrielle levait les yeux sur son mari, le regardait en silence pendant quelques instants, et reprenait sa broderie.

L'abbé, assis à l'écart, songeait au sang

qui allait couler et gémissait sur le malheur des temps. Il n'était aveuglé ni par le fanatisme ni par l'exaltation politique, et se demandait avec douleur quel serait le dénoûment de cette guerre, quel sort attendait tous ces hommes résolus, dévoués, enthousiastes, qui se promettaient tant de victoires; il se demandait avec effroi s'il reverrait jamais son cher Hector. Parfois ses regards se tournaient vers Gabrielle, dont le pâle visage, l'attitude brisée contrastaient douloureusement avec la scène qu'il avait sous les yeux.

Tout à coup il se fit un grand silence. Tous les chefs réunis autour de M. de Valcreuse prêtèrent l'oreille : le canon grondait du côté de Machecoul.

— Allons, messieurs, en selle! s'écria Hector d'une voix éclatante, l'œil étincelant. On nous a devancés; c'était à nous qu'appartenait l'honneur des premiers coups.

Quelques instants après, ils étaient tous à cheval; M. de Valcreuse était seul resté pour dire un dernier adieu à sa famille.

Au bruit du canon, Irène, mademoiselle Armantine et l'abbé s'étaient levés et se pressaient autour d'Hector. Gabrielle était restée assise; sa pâleur croissante avait seule trahi le redoublement de son effroi. Hector prit des mains de sa sœur la cocarde blanche qu'elle venait d'achever et la mit à son chapeau. Comme Gabrielle, faisant effort sur elle-même, se levait et lui présentait, d'une main tremblante, le sacré-cœur qu'elle avait brodé, il s'approcha brusquement de la place qu'Irène venait de quitter, saisit un des sacrés-cœurs brodés par la jeune fille et l'attacha sur sa poitrine. Gabrielle retomba mourante sur sa chaise. L'abbé, qui avait suivi des yeux cette scène muette, courut à Hector et l'entraînant dans l'embrasure d'une fenêtre :

— Vous êtes cruel, lui dit-il à voix basse.

— Je suis juste, répondit M. de Valcreuse d'un air sombre.

— Cruel, vous dis-je, reprit l'abbé en

lui serrant la main. Regardez-la, ne voyez-vous pas son désespoir?

— Et le mien? demanda Hector d'un ton bref.

— Allez, dit l'abbé, vous êtes sans pitié.

— De la pitié? en a-t-elle eu pour moi?

— Hector, poursuivit l'abbé, vous partez pour la guerre : celui qui ne pardonne pas appelle sur sa tête la colère céleste.

— Parlez-vous de la mort? demanda M. de Valcreuse.

— Oui, malheureux enfant, oui, c'est de la mort que je veux te parler.

— Eh bien donc! que la colère céleste éclate sur ma tête, et je la bénirai.

En achevant ces mots, M. de Valcreuse dégagea violemment sa main de la main de l'abbé et alla rejoindre mademoiselle Armantine et Irène qui se tenaient au milieu du salon. L'abbé se rapprocha de Gabrielle, et s'appuyant sur le fauteuil placé près d'elle, attacha sur son visage désolé un regard plein de compassion et de respect.

— Vous voyez, mon ami, vous voyez comme il m'accable, dit Gabrielle à voix basse en se tournant vers lui; son implacable orgueil m'écrase et me tue.

Cependant Hector avait ouvert une croisée et promenait ses yeux sur la plaine. Déjà les paysans s'ébranlaient sans ordre et s'avançaient en masses confuses; les faulx et les piques étincelaient au soleil; les femmes, tout à l'heure agenouillées, s'étaient levées et les escortaient en les encourageant; les prêtres accourus sur leur passage, la croix à la main, les bénissaient et chantaient le psaume de la délivrance. En passant devant le Calvaire, tous les genoux fléchirent, tous les fronts s'inclinèrent. Ainsi commençait cette guerre qui devait faire trembler la république naissante: c'étaient là les soldats qui allaient tenir en échec les plus habiles capitaines, les plus vaillantes armées.

Après avoir contemplé pendant quelques instants cette étrange légion, qui allait lui obéir et qui n'attendait plus que lui pour marcher au combat, M. de Valcreuse passa dans sa chambre pour prendre ses armes. En le voyant quitter le salon, Gabrielle se leva par un mouvement désespéré, le suivit et se trouva face à face avec lui au moment où il se disposait à partir. Elle avait l'air si résolu, sa pâleur avait quelque chose de si terrible, qu'en la voyant paraître, Hector recula de quelques pas. Elle ferma violemment la porte, et, marchant droit à lui :

— Vous ne partirez pas sans m'avoir entendue ; vous m'entendrez, enfin, s'écria-t-elle d'une voix qu'enflammaient à la fois la colère et le désespoir. Vous allez vous battre, vous pouvez mourir ; je ne veux pas, sachez-le bien, je ne veux pas que vous mouriez emportant avec vous la pensée de mon déshonneur. Cette heure où je vous parle est peut-être la dernière qui nous soit accordée ; peut-être nous voyons-nous aujourd'hui pour la dernière fois. Si votre vie n'était pas menacée, je pourrais laisser au temps le soin de me justifier, je pourrais consentir à me taire ; mais peut-être allez-vous mourir, peut-être vous parlé-je pour la dernière fois. Je ne veux pas demeurer sous le poids d'un arrêt contre lequel je ne pourrais plus élever la voix, sous le coup d'un anathème contre lequel je ne pourrais plus me défendre.

Étonné de l'attitude fière et presque hautaine de cette femme qu'il croyait coupable et repentante, Hector n'osa l'interrompre et resta silencieux.

— Depuis que vous m'avez ramenée ici, poursuivit Gabrielle d'une voix que l'émotion rendait de plus en plus vibrante, plus d'une fois déjà j'ai voulu vous parler et vous m'avez toujours éconduite. Je me suis trop long-temps résignée à subir votre dédain; ma patience est à bout. Nous sommes seuls : mon devoir est de parler, votre devoir est de m'entendre.

— Madame, répondit froidement M. de Valcreuse, tous mes devoirs envers vous, je les ai fidèlement remplis, Dieu le sait, et vous-même, je l'espère, vous ne l'ignorez pas. Mon devoir aujourd'hui, mon seul devoir, est d'aller retrouver les chefs, les soldats qui m'attendent. La voix de mon honneur est la seule que j'écoute; elle m'appelle au milieu d'eux.

— Votre honneur! votre honneur! dit Gabrielle d'une voix tremblante; que m'importe à moi la cause que vous défendez? que m'importent les soldats qui vous attendent, à qui vous allez commander? C'est de moi, de moi seule qu'il s'agit maintenant; c'est moi, c'est moi seule que vous devez écouter.

Et, profitant de la stupeur de M. de Valcreuse, elle reprit avec fermeté :

— En me ramenant ici, vous avez cru être généreux, et vous n'avez obéi qu'à l'orgueil. L'orgueil est votre seul guide, votre seul conseil ; l'orgueil, c'est vous tout entier. Ce n'est pas pour me sauver que vous m'avez ramenée, c'est pour vous dérober à la honte. Votre générosité n'est qu'un mensonge : en taisant ma faute, en cachant mon égarement, vous avez fait de votre silence le plus cruel de tous les supplices. Mieux eût valu mille fois m'abandonner à ma destinée que de me rendre ma place au milieu de votre famille pour m'écraser chaque jour de votre mépris. Vous croyez être magnanime, et vous êtes barbare, vous êtes impitoyable. Pourquoi ne m'avez-vous pas tuée? sans doute ce châtiment vous semblait trop doux.

— Je vous ai laissé le choix ; vous pouviez le suivre ou revenir avec moi ; vous aviez toute liberté. En revenant volontairement, vous avez renoncé au droit de vous plaindre.

— Et vous, en me ramenant, vous avez renoncé au droit de m'outrager.

— Qui donc ici vous outrage?

— Vous, chaque jour, à toute heure. Tout en vous m'humilie et m'outrage, depuis votre silence jusqu'à votre courtoisie.

Si je ne mérite pas les hommages dont vous m'avez entourée, je ne mérite pas non plus le rang que votre dédain m'assigne dans votre cœur. Votre dédain, il est partout, il est dans vos regards, il est dans l'air même que je respire. Pensez-vous que je ne lise pas dans vos yeux ce qui se passe au fond de votre âme ? Vous croyez que j'ai caché l'adultère sous votre toit, vous croyez que la mer vous a livré une épouse flétrie.

— Encore une fois, pourquoi vous justifier ? Je ne vous accuse pas.

— Eh bien ! moi, je vous accuse. Je me relève enfin. Pourquoi m'avez-vous épousée si vous ne m'aimiez pas ? Pensiez-vous, en me sauvant du cloître, avoir tout fait pour gagner ma tendresse ? Pourquoi êtes-vous parti ? Pourquoi m'avez-vous abandonnée, seule et sans défense, aux embûches d'une femme dont vous aviez humilié la vanité, et qui s'est vengée sur moi? Vous ignoriez, je le sais, que j'avais un autre amour dans le cœur; mais, lors même que mon cœur vous eût appartenu tout entier, deviez-vous partir; seriez-vous parti, si vous m'aviez aimé? Ah! qu'il vous eût été facile de vous emparer de ce cœur, à demi-vaincu par vos bienfaits! qu'il vous eût été facile d'effacer de ma pensée une trop chère image! qu'il vous eût été facile de changer la reconnaissance en amour! Mais vous êtes parti, parti sans lutte, sans regret, parti parce que vous ne m'aimiez pas. Et pourtant, malgré votre froideur, malgré votre cruelle résolution, malgré votre absence, mon âme allait au-devant de vous. Elle se dégageait de jour en jour des premiers liens qui l'avaient enlacée et traversait les mers pour s'attacher à vous. Encore quelques jours, elle allait être affranchie, elle allait vous appartenir tout entière, quand l'orage déchaîné par madame de Presmes est venu fondre sur ma tête. Alors tout le passé s'est dressé devant moi. Savez-vous ce que j'ai souffert? savez-vous les luttes que j'ai soutenues, les combats que j'ai livrés? Seule, loin de vous, savez-vous combien de larmes j'ai répandues? Le cri de détresse que j'ai poussé vers vous ne vous a-t-il pas révélé toutes mes tortures? Fussé-je même aussi coupable que vous le croyez, j'ai tant lutté, tant souffert, que je serais encore digne de pitié.

— Oui, je le crois, Gabrielle; oui, je le crois, vous avez souffert, répondit M. de Valcreuse d'une voix émue.

— Encore, si j'avais eu pour me soutenir, pour me défendre, pour me protéger, la certitude d'être aimée de vous! Mais non, je luttais seule, je luttais pour le devoir, sans l'espérance du bonheur. Eh bien! Hector, vous m'avez souvent parlé de votre père; vous aviez pour lui, vous avez encore un amour qui tient du culte et de l'adoration. Eh bien! par la mémoire sacrée de votre père, je vous jure que, malgré mon égarement, je suis encore digne de vous. L'abbé vous dira par quelle fatalité j'ai été entraînée, comment j'ai perdu en un jour le fruit de trois ans de combats. Je fuyais, mais déjà je maudissais ma faiblesse; je fuyais, mais j'étais partie pure, et je suis revenue sous votre toit aussi pure qu'à l'heure où je l'avais quitté. En vous parlant ainsi, ce n'est pas votre amour que je vous demande. J'ai depuis longtemps renoncé à cette ambition, et ce n'est pas maintenant qu'elle se réveillerait en moi. Non, Hector, ce n'est pas votre amour que je demande. Délivrez-moi de votre mépris que je n'ai pas mérité; rendez-moi dans votre pensée, dans votre estime la place qui m'appartient, je ne demande rien de plus. Dites-moi, Hector, est-ce trop exiger de vous? Ah! si vous m'aviez aimée un seul jour, un seul instant, le pardon serait déjà sur vos lèvres ; mais si vous m'aviez aimée, le malheur aurait-il jamais pu m'atteindre ? aurais-je besoin de votre pardon ?

En achevant ces mots, elle cacha son visage dans ses mains, et des larmes ruisselèrent le long de ses joues. Hector attendri la contemplait en silence. Un instant il fut sur le point de céder, de lui ouvrir ses bras, de l'appeler sur son cœur, de lui pardonner; mais l'image de M. de Kernis vint se placer entre eux. Le démon de la jalousie le ressaisit tout entier; l'orgueil lui dit tout bas que, s'il cédait, Gabrielle se rirait peut-être de sa crédulité. Pour ne pas succomber à son émotion, Hector prit ses armes et partit brusquement. Quand Gabrielle voulut le retenir, il n'était plus temps, et un instant après elle le vit à cheval, traversant la plaine au galop et se dirigeant vers les chefs qui l'avaient précédé.

Gabrielle resta longtemps à la fenêtre, suivant d'un regard éperdu M. de Valcreuse, dont le cheval dévorait l'espace. Dans le tumulte des sentiments qui l'agitaient depuis son retour, l'image de M. de Kernis avait déjà pâli; cependant la destinée qui l'attendait sur la terre étrangère n'avait pas cessé de la préoccuper. Mais, dès que la guerre eut éclaté, les dangers qu'Hector allait courir détournèrent son attention et s'emparèrent peu à peu de toutes ses pensées. M. de Kernis était sur une terre amie où la proscription ne pouvait l'atteindre ; la vie de M. de Valcreuse allait être exposée chaque jour, et Gabrielle ne pouvait oublier tout ce qu'elle devait à Hector. Enfin, au milieu du bruit des armes, M. de Valcreuse s'était révélé à elle sous un nouveau jour; bien qu'elle ne se rendît pas compte des impressions qu'elle éprouvait, son attitude guerrière, sa voix mâle où se trahissait l'habitude du commandement, lui donnaient une grandeur, un prestige inattendus. Plusieurs fois elle s'était surprise à l'admirer, à le contempler avec curiosité, comme un homme qui se révélait à elle pour la première fois.

Cette journée se passa dans une agitation que l'on comprendra sans peine. Tant que le soleil fut sur l'horizon, on entendit le bruit de la fusillade qui tantôt s'éloignait, tantôt se rapprochait. Réunis dans le salon, mademoiselle Armantine, madame de Valcreuse, Irène et l'abbé échangeaient de loin en loin quelques rares réflexions et prêtaient une oreille avide à tous les bruits du dehors. Des messagers apportaient des nouvelles d'heure en heure. Rosette, montée sur un des chevaux de la ferme, allait, venait, rôdait et racontait ce qu'elle avait vu. Tantôt Machecoul était au pouvoir des insurgés; tantôt il était repris par la milice républicaine. Vers le soir, on vit arriver des blessés, et les salles du château se convertirent en ambulance. D'un moment à l'autre on attendait le retour de M. de Valcreuse. Déjà les paysans qui s'étaient battus tout le jour sous ses ordres, étaient rentrés dans leurs métairies. Rosette les avait vus se disperser et disparaître comme des ombres. Il ne restait plus trace de l'armée qui s'était mise en marche le matin ; ce fut là un des caractères particuliers de cette guerre. Ils se rassemblaient au son du tocsin, se battaient comme des lions et s'évanouissaient comme des fantômes.

Cependant M. de Valcreuse ne revenait pas. Les chefs qui l'accompagnaient étaient rentrés au château, espérant l'y retrouver. A deux reprises différentes, il s'était jeté le premier dans Machecoul. Il avait eu son cheval tué sous lui, sans recevoir lui-même aucune blessure. Quand les insurgés avaient été obligés d'évacuer la place une dernière fois, M. de Valcreuse, après avoir assuré la retraite, avait tout à coup disparu sans qu'on pût suivre ses traces. Ce récit plongea tous les habitants du château dans une mortelle inquiétude. Gabrielle envoya Rosette à la découverte ; Rosette revint au bout de quelques heures sans avoir rien appris.

Vers le milieu de la nuit, mademoiselle Armantine et Irène, succombant à la fatigue, à l'émotion, s'étaient retirées pour essayer de prendre un peu de repos. L'abbé était resté seul avec madame de Valcreuse. L'absence d'Hector les agitait tous deux bien cruellement. L'abbé se rappelait les paroles prononcées le matin même par M. de Valcreuse : Hector ne craignait pas la mort, il la désirait, il l'appelait, il la cherchait, il l'avait trouvée peut-être. Gabrielle songeait avec amertume, avec désespoir, aux efforts inutiles qu'elle venait de faire pour se relever aux yeux de son mari, et elle se disait que peut-être, à cette heure, il était mort, mort en la méprisant, mort en la maudissant ! Gabrielle et l'abbé étaient tellement épouvantés de la pensée qui les obsédait, qu'ils n'osaient se la confier l'un à l'autre. Ils se séparèrent en silence, après s'être serré tristement la main.

Rentrée dans sa chambre, madame de Valcreuse se jeta sur son lit; ses paupières appesanties se fermèrent, et un sommeil fièvreux s'empara de ses sens. Un rêve affreux la réveilla en sursaut; elle voyait son mari sanglant, couvert de blessures, qui la regardait d'un œil sévère et menaçant.

Elle se leva; le vent gémissait, elle crut entendre les plaintes d'un mourant. Tout à coup, elle aperçut la fenêtre d'Hector éclairée d'une vive lueur. Dans son trouble, elle pensa qu'il était rentré, qu'on l'avait rapporté blessé. Elle courut à sa chambre et la trouva déserte. Comme M. de Valcreuse pouvait rentrer d'un moment à l'autre, les serviteurs, avant de se coucher, avaient allumé du feu dans son appartement; une lampe brûlait sur le marbre de la cheminée.

Gabrielle, oppressée par le rêve qui venait de la réveiller, et par sa course précipitée, se laissa tomber sur un fauteuil, et s'accouda sur la table chargée de papiers. Après être demeurée quelque temps dans cette attitude, elle releva la tête, promena ses yeux autour d'elle ; puis, machinalement et comme accablée, elle appuya de nouveau sa tête sur sa main, et son regard distrait parcourut les papiers épars sur la table. Elle reconnaissait son écriture, celle d'Irène, de l'abbé, de mademoiselle Armantine.

Involontairement, elle se mit à feuilleter un journal écrit de la main de M. de Valcreuse. Quelques mots lus au hasard attirèrent son attention ; elle aperçut son nom.

D'abord elle hésita, puis ferma le journal, résolue à ne pas le lire ; mais bientôt, entraînée par une curiosité irrésistible, elle le rouvrit d'une main tremblante ; la lecture une fois commencée, elle ne songea plus à le refermer, et d'un œil ardent le lut jusqu'au bout.

III

Le journal que Gabrielle venait d'ouvrir renfermait toutes les pensées que M. de Valcreuse avait confiées au papier pour tromper les ennuis d'une longue navigation. C'était l'histoire et l'analyse des douleurs et des espérances qu'il n'avait pas osé épancher, même dans le cœur de l'abbé. Il n'est guère d'homme de mer qui n'ait cherché ainsi à se consoler de l'absence des êtres qu'il aime et de l'inaction à laquelle il est trop souvent condamné. C'est le propre des natures peu expansives de se plaire à converser avec elles-mêmes; M. de Valcreuse avait déposé dans le manuscrit que Gabrielle tenait entre ses mains l'expression des sentiments qui l'oppressaient et qu'il n'avait jamais avoués à personne. Il suffira d'en citer quelques fragments pour expliquer l'intérêt toujours croissant que Gabrielle prit à cette lecture :

« Pourquoi suis-je parti? seul, je puis le dire. Ils croient tous qu'en partant j'ai cédé à un sentiment d'orgueil; ils croient que j'ai accepté avec ivresse le commandement de cette frégate, que je vais dans les mers de l'Inde chercher l'occasion d'ajouter à mon nom une nouvelle gloire. Ignorance et folie! S'ils pouvaient lire dans mon cœur, comme ils s'étonneraient de leur aveuglement! Qu'ils seraient surpris s'ils savaient qu'il eût suffi d'un mot, d'un regard pour me retenir, pour m'enchaîner à jamais au seuil de ma maison! Ils croient que j'obéis à mes instincts aventureux, que l'ambition m'entraîne, que je cours au-devant d'une nouvelle victoire. A cette heure peut-être, leur tendresse m'accuse. Ils se disent que je les ai quittés sans regret, que je me suis séparé d'eux sans hésitation, sans trouble, sans déchirement; ils ne savent pas qu'une larme, un sourire, eût changé ma résolution, et que je serais resté avec joie. »

. . . .

« Pouvais-je, devais-je rester ? Quand j'ai reçu mon brevet de commandement, quand j'ai brisé le cachet, quand j'ai lu à haute voix l'ordre de départ, Irène s'est troublée, ma sœur a pâli, l'abbé s'est récrié ; tous ont attaché sur moi un regard plein d'anxiété. Elle seule est demeurée impassible et muette. Elle ne s'est pas troublée, elle n'a point pâli, elle ne s'est pas récriée. Tandis que tous les yeux m'interrogeaient, je cherchais dans les siens ce que je devais répondre : ses yeux n'ont pas parlé, et je suis parti. D'où vient donc cependant qu'à l'heure des derniers adieux, d'où vient qu'elle s'est jetée dans mes bras, tremblante, éperdue? D'où vient que, sur le pont de mon navire, elle m'a supplié de rester? Était-ce un élan de tendresse? était-ce un cri du cœur? Mais non; si elle m'eût aimé, aurait-elle attendu cette heure suprême pour me prier de demeurer près d'elle? aurait-elle attendu que le vent enflât les voiles et que la mer soulevât le navire qui allait m'emporter? Qu'elle était belle, pourtant, quand elle me suppliait! A l'éclat humide de ses yeux, au frémissement de ses lèvres, j'ai pu croire un instant qu'elle m'aimait; mais si elle m'eût aimé vraiment, elle se fût placée sur le seuil de ma porte, et m'eût ramené, par la main, comme un enfant, au foyer que j'allais quitter. »

« . . . .

« Je l'ai aimée du jour où je l'ai vue pour la première fois, et, bien que mes espérances aient été cruellement trompées, bien que mes rêves se soient évanouis, ce jour restera gravé dans ma mémoire comme un des plus beaux jours de ma vie. Je les vois encore toutes deux, assises autour d'une table, dans l'embrasure d'une fenêtre, la tête penchée sur leur broderie ; tandis que madame de Presmes s'entretenait avec ma sœur, Irène me regardait à la dérobée, et moi je regardais Gabrielle. Je vois encore ces deux charmants visages, l'un espiègle et railleur, l'autre grave et mélancolique ; mes yeux ne pouvaient se détacher de cette physionomie pensive et recueillie. Ce que disait madame de Presmes, je ne le sais plus, je ne l'ai jamais su; mais j'entends ces deux voix fraîches et perlées qui gazouillaient au-dessus de ma tête, tandis que seul dans le parc, j'étais arrêté sous la fenêtre. Le soir, je m'en allai rêveur, sans savoir pourquoi; et, sans savoir pourquoi, je retournai chez madame de Presmes. J'observais ces deux jeunes filles, je me disais qu'il serait doux de les arracher à la solitude, de réparer envers elles l'injustice de la destinée, et je ne m'apercevais pas que l'amour se glissait dans mon cœur. Il est des heures dans la vie dont le seul souvenir suffit pour racheter des années de souffrance. A-t-il le droit de se plaindre, celui qui fut heureux un jour? Je les vois toutes deux à mon bras, entrant avec moi sous le toit de mes pères. Que j'étais joyeux et fier! Je savais bien que Gabrielle ne m'aimait pas encore, mais je me disais qu'elle m'aimerait, qu'elle ne pouvait manquer de m'aimer; je me disais qu'elle ne résisterait pas à l'amour déjà profond qu'elle m'avait inspiré. Quel bonheur, quelle vie sereine et enchantée je me promettais près d'elle! Je sentais en moi des trésors de tendresse qui ne demandaient qu'à s'épancher, qu'à se prodiguer; hélas! j'eus bientôt compris qu'elle ne pouvait m'aimer, qu'elle ne m'aimerait jamais! »

. . . .

« Voilà pourquoi je suis parti. Ma présence lui était importune; quand je voulais l'attirer sur mon cœur, son front pâlissait, sa main se glaçait dans la mienne. J'ai dû imposer silence à ma tendresse; j'ai dû arrêter sur mes lèvres, j'ai dû refouler en moi les sentiments qui m'agitaient. Je souffrais; mais l'amour ne se commande pas. Pourquoi serais-je resté? Tout ce que mon affection pouvait faire pour elle, ne l'avais-je pas fait? Je lui avais donné la liberté, une famille; je la laissais près de ma sœur, près d'Irène, près de l'abbé; je l'avais entourée d'êtres excellents qui la chérissaient. Un mot de sa bouche suffisait pour me retenir; mais ce mot, elle ne l'a pas dit. Je pouvais partir, je suis parti. »

. . . .

« Je ne croyais pas l'aimer à ce point. Je m'étais bercé d'une vaine espérance. Je m'étais flatté que les dangers de l'Océan, les soucis du commandement apaiseraient ma souffrance et fermeraient ma blessure. Je me suis trompé. Son image me poursuit partout, à toute heure. La mer que j'aimais autrefois, que j'aimais avec passion, est aujourd'hui sans charme pour moi. Ma vie se traîne et se consume dans l'ennui. Je ne pense qu'à Gabrielle, et chacune de mes pensées est un regret. La nuit, dans le vent qui passe, dans le murmure des flots, je crois entendre sa voix. Je me suis éloigné, parce qu'elle ne m'aimait pas; loin d'elle j'ai cru trouver la paix. Étrange erreur! cruelle méprise! L'absence n'a fait que redoubler mes tortures. Quand j'étais près d'elle, sa froideur m'irritait, mais du moins je la voyais chaque jour. Son regard se détournait quand il rencontrait mon regard, mais du moins je la voyais ; je respirais l'air qu'elle respirait. L'été, quand elle s'avançait comme une jeune reine dans les avenues du parc, je suivais d'un œil ravi chacun de ses mouvements. Elle était la grâce de nos soirées d'hiver; elle embellissait, elle rajeunissait ma maison. Et pourtant alors je ne me trouvais pas heureux ! Ingrat que j'étais ! n'aurais-je pas dû remercier le ciel de tous les biens qu'il m'avait envoyés ? Mes souffrances n'étaient-elles pas généreusement compensées ? Pour la voir, pour l'entendre, était-il donc si difficile de se résigner à souffrir? »

. . . .

« Ai-je bien fait tout ce qu'il fallait faire pour gagner son amour ? Je ne suis qu'un marin ; je ne sais rien du monde ; j'ignore comment il faut s'y prendre pour plaire, pour être aimé. Ma vie s'est passée sur les flots ; je ne connais pas le langage que les jeunes cœurs aiment à entendre. Peut-être, sans le vouloir, l'ai-je effarouchée. Peut-être aussi ai-je été arrêté par de vains scrupules ; peut-être ne lui ai-je pas assez montré la passion que je ressentais. Je craignais qu'elle ne m'accusât de vouloir lever un tribut sur sa reconnaissance ; elle a pris pour de la froideur ce qui n'était qu'une tendresse contenue, une délicatesse exagérée. Ne me suis-je pas trop tôt découragé? Ah! si j'étais près d'elle, comme je changerais de langage! Je reconnais ma faute, je saurais la réparer. L'amour qui brûle mon cœur passerait tout entier sur mes lèvres; mes yeux s'animeraient du feu qui me dévore; mon âme, enfin affranchie de toute contrainte, mon âme attirerait la sienne, comme un aimant irrésistible. »

. . . .

« Elle m'aimera; mon amour est trop profond, trop sincère, pour qu'elle n'arrive pas à le partager. Il y a dans la passion vraie une puissance contagieuse qui triomphe des cœurs les plus rebelles. Elle m'aimera; elle aura beau faire, je l'aime tant qu'il faudra qu'elle m'aime. Et comment ne m'aimerais-tu pas? Sans doute nous sommes victimes d'une mutuelle méprise. Gabrielle, je le sens, mon âme est digne de la tienne. Quand tu liras dans ma pensée, quand tu sauras ce que j'ai souffert, lorsqu'à tes pieds je laisserai déborder les flots de tendresse que j'ai si longtemps contenus et qu'à cette heure même je n'ose encore épancher dans ton sein, une force invincible m'ouvrira ton cœur, t'appellera dans mes bras. Tu n'es pas ingrate, tu es bonne, tu es généreuse. Dieu ne t'a pas donné seulement la grâce et la beauté; il n'a pas voulu laisser son œuvre incomplète; il a mis en toi une étincelle de son amour, il t'a créée pour aimer. Et qui donc aimerais-tu, si ce n'est moi? Qui donc aura pour toi une sollicitude plus ardente, un dévoûment plus assidu? Je t'ai donné mon nom avec orgueil, je t'ai ouvert ma maison avec joie. Tout autre, à ma place, en eût fait autant ; mais sur quel cœur plus fidèle, plus passionné pourrais-tu reposer ta tête? Ah! quoi que j'aie souffert, quoi que je puisse souffrir encore, béni soit à jamais le jour où tu es entrée dans ma famille! bénie soit l'heure où tu as franchi le seuil de ma porte! béni soit l'instant où tu t'es assise à mon foyer. »

. . . .

« Va, j'ai bonne espérance, l'avenir nous garde d'heureux jours. Dieu ne voudra pas que deux âmes faites l'une pour l'autre ne puissent pas enfin se comprendre et se réunir. Bientôt, je te reverrai ; quelles joies m'attendent au retour ! Je te reverrai, éprouvé par l'absence, éclairé par la solitude. Va, je sais maintenant comment il faut te parler pour que tu m'aimes. Je te reverrai, et dans ma première étreinte, tu comprendras que je t'aime, et tu m'aimeras. Nous parcourrons ensemble ces plaines enchantées qui n'ont pas encore été témoins de notre bonheur ; nous irons à pas lents pour mieux nous entendre, pour mieux nous regarder. Ton bras, appuyé sur le mien, tremblera, mais ce ne sera plus de crainte. Quand nous marcherons silencieux, ce ne sera plus la contrainte qui scellera nos lèvres. Si ton front rougit, si ton sein palpite, je verrai sans alarme ton front rougir et ton sein palpiter. Nous dirons aux bois, aux coteaux, l'ivresse qui remplira nos cœurs. Je sais des lieux charmants, où jamais tes pas ne se sont égarés ; je t'y conduirai, et là, à l'ombre des forêts, nos deux âmes confondues monteront vers Dieu dans un hymne de reconnaissance. Je sais sur le bord de cette mer qui nous sépare, je sais plus d'une anse mystérieuse que les goëlands visitent seuls, dont le soleil échauffe le sable fin et doré. Là, assis à tes pieds, je contemplerai d'un œil tranquille, indifférent, ces flots qui autrefois m'attiraient, me fascinaient. Je verrai sans envie les voiles blanchir à l'horizon, et, tout entier à mon bonheur, je plaindrai les infortunés que le vent emportera loin de leur patrie, loin de leur famille. Le soir, tandis qu'Irène et ma sœur broderont à la lueur de la lampe, je vous raconterai mes voyages, et, quand nous serons seuls, ta main dans la mienne, nous lirons ensemble ces pages que maintenant je n'ose t'adresser. A ma sœur, à Irène, à l'abbé, je dirai les peuples que j'ai visités, les plages que j'ai parcourues ; à toi, je dirai mon cœur. »

Ces pages que M. de Valcreuse se promettait de lire avec Gabrielle, Gabrielle les lisait seule. En les écrivant, Hector se promettait le bonheur, l'enivrement de l'amour : qu'étaient devenus tous ces rêves ?

A mesure que Gabrielle avançait dans

cette lecture, l'étonnement et le remords se partageaient son cœur. Elle était aimée, aimée avec passion par l'homme à qui elle croyait jusque-là n'avoir inspiré que de la pitié! Elle était aimée, aimée d'Hector. Elle l'accusait d'indifférence, de froideur, et il était parti parce qu'il ne se sentait pas aimé! Ainsi, la seule excuse qu'elle avait invoquée dans son égarement, cette excuse lui manquait : elle était aimée d'Hector, et, tandis qu'il écrivait ces pages empreintes d'une passion si vraie, si ardente, elle l'accusait, elle se plaignait et s'abandonnait à un autre amour! Gabrielle, en s'enfuyant, n'avait donc pas blessé seulement l'orgueil de M. de Valcreuse; ce n'était donc pas l'orgueil qui avait seul dicté sa conduite; en ramenant sa femme, ce n'était donc pas seulement à l'orgueil qu'il avait obéi ; quand il la repoussait, quand il refusait de l'entendre, c'est que la jalousie le dévorait.

Qui pourrait dire tous les sentiments qui se pressaient, qui se heurtaient dans le cœur de Gabrielle ?

— Ah ! malheureuse que je suis, s'écria-t-elle avec désespoir, ah ! malheureuse, il m'aimait et j'ai méconnu son amour ; il souffrait et je n'ai pas deviné sa douleur. D'un mot, je pouvais le retenir, et ce mot, je l'ai dit trop tard. Oh ! mon Dieu, moi qui, ce matin encore l'accusais de cruauté, pourrai-je jamais réparer le mal que je lui ai fait ?

Elle laissa tomber sa tête sur le fauteuil, et se prit à méditer sur la destinée de cet amour qu'elle venait de découvrir. Il y avait dans cette révélation, à côté du remords et du désespoir, un sentiment de joie qu'elle avait peine à comprendre et auquel pourtant elle s'abandonna.

Tandis qu'elle s'abîmait dans sa rêverie, Hector, enveloppé dans son manteau, était entré sans qu'elle entendît ses pas. Il s'arrêta derrière le fauteuil où elle était assise. Jamais elle n'avait été si belle. L'étonnement et le remords, la douleur et la joie qui se disputaient son cœur, donnaient à son visage une expression étrange et sublime. Debout, immobile, Hector la contemplait, et son admiration redoublait sa colère.

IV

Tout à coup Gabrielle aperçut dans la glace l'image d'Hector ; elle se leva précipitamment, et, par un mouvement irréfléchi, voulut se jeter dans ses bras : l'attitude de M. de Valcreuse lui rappela bien vite la barrière qui les séparait.

— Vous ici, madame ? lui dit-il avec l'accent de l'étonnement.

— Pardonnez-moi, répondit Gabrielle d'une voix troublée, en baissant les yeux. Nous vous avions attendu inutilement une partie de la nuit. J'étais inquiète; accablée de lassitude, je m'étais endormie pendant quelques instants : en me réveillant, j'ai aperçu de la lumière dans votre chambre, j'ai cru que vous étiez rentré, et, craignant que vous ne fussiez blessé, je suis venue; pardonnez-moi.

— Je regrette, madame, d'avoir troublé votre sommeil, répliqua froidement Hector. Vous avez besoin de repos; ces veilles vous tueront.

En ce moment, Gabrielle jeta les yeux sur M. de Valcreuse, et fut frappée de sa pâleur. Il était toujours enveloppé de son manteau; ses traits altérés accusaient sa souffrance.

— Mais vous êtes blessé! s'écria-t-elle vivement.

— Rassurez-vous, soyez sans inquiétude; retirez-vous dans votre appartement.

— Vous êtes blessé! reprit Gabrielle d'une voix ardente.

Et, d'une main fiévreuse, ouvrant violemment son manteau, elle vit son bras en écharpe et ses vêtements tachés de sang.

— J'en étais sûre, je le savais, mes pressentiments ne m'avaient pas trompée.

Et de ses doigts tremblants elle cherchait à soulever les bandages qui entouraient la plaie.

— Ce n'est rien, répondit Hector en l'éloignant; ce n'est rien, une égratignure seulement.

— Laissez-moi voir, laissez-moi panser votre blessure, dit Gabrielle d'une voix suppliante.

Et comme il résistait :

— Qui donc vous soignera, si ce n'est

moi? poursuivit-elle; n'est-ce pas mon droit, mon devoir?

— Le droit, vous l'avez perdu. Quant au devoir, je vous en affranchis; d'autres ici sauront le remplir.

Gabrielle, réduite au silence par ces paroles sévères, se retira confuse et courut chez l'abbé qui n'avait pu trouver de sommeil, et qui déjà était sur pied.

— Il est revenu, il est blessé, s'écria-t-elle; il est blessé, il refuse mes soins! Allez près de lui; vous, du moins, vous pourrez le soigner; il ne vous repoussera pas.

L'abbé se rendit chez Hector; Gabrielle se retira dans sa chambre.

En pénétrant dans Machecoul pour la première fois, à la tête des paysans, M. de Valcreuse avait reçu un coup de feu au bras gauche; mais, pour ne pas décourager sa troupe, il avait caché sa blessure. Après deux engagements animés, quand vint l'heure d'évacuer Machecoul pour la seconde fois, il oublia sa douleur pour s'occuper uniquement du soin d'assurer la retraite. Après avoir donné tous les ordres nécessaires, après avoir pris toutes les dispositions que commandait la prudence, affaibli enfin par la perte de son sang, il avait été forcé de s'arrêter dans une ferme où l'on avait fait un premier pansement.

La blessure n'était pas dangereuse; seulement, la fatigue du combat, ajoutée aux émotions qui avaient précédé son départ, l'avait singulièrement aggravée; il était rentré avec une fièvre ardente, et l'abbé le trouva dans un état d'exaltation alarmant.

Hector fut obligé de garder le lit pendant quelques jours. Irène et mademoiselle Armantine quittaient rarement son chevet, et Gabrielle bénissait leur présence qui lui permettait de prodiguer à son mari des soins qu'il n'eût pas acceptés, si elle eût été seule près de lui. Grâce au généreux mensonge qui enchaînait M. de Valcreuse, Gabrielle pouvait se présenter à toute heure dans la chambre d'Hector. Il avait commencé par s'irriter sourdement de la présence et des soins de sa femme; mais comment l'éloigner sans se démentir aux yeux de sa famille, aux yeux de sa maison tout entière? Force lui fut de se résigner. Gabrielle était si empressée, si attentive, si touchante, qu'en dépit de lui-même, il en fut souvent attendri. Parfois, affaibli par la fièvre, il n'avait plus du passé qu'une image confuse, et il suivait d'un œil charmé ses moindres mouvements. Il la voyait rôder autour de lui, grave, triste, avec un pâle sourire sur les lèvres, et il ne pouvait détacher d'elle son regard.

Un jour, comme elle entrait, Irène, assise au chevet, avait dans sa main une des mains de M. de Valcreuse. L'abbé se tenait debout au pied du lit; mademoiselle Armantine, assise à quelques pas d'Irène, travaillait à un ouvrage de tapisserie et levait de temps en temps les yeux pour regarder son frère. Irène essayait d'égayer le malade : en apercevant sa cousine, elle se leva brusquement.

— Viens, lui dit-elle en riant, je te cède ma place et la main de ton mari.

En achevant ces mots, elle mit la main d'Hector dans celle de sa cousine : Hector ne la retira pas. Un éclair de joie passa sur le front de Gabrielle, et l'abbé, témoin de cette scène silencieuse, sentit renaître en son âme une confuse espérance.

Le soir, se trouvant seul avec M. de Valcreuse, il profita de l'attendrissement dont il avait été témoin le matin, pour amener le récit qu'Hector avait toujours refusé d'entendre. L'affaissement avait suivi la fièvre; la colère d'Hector s'était peu à peu calmée. Cependant, aux premiers mots que dit l'abbé, M. de Valcreuse voulut lui imposer silence; mais, l'abbé ayant insisté avec autorité, il s'accouda sur son oreiller et le laissa parler. L'abbé raconta d'une voix émue tout ce qu'il avait appris de la bouche de Gabrielle. Plus d'une fois, pendant ce récit, Hector sentit sa colère se réveiller; plus d'une fois son œil s'enflamma, ses mains se contractèrent convulsivement; mais il y avait dans l'accent de l'abbé tant de conviction, tant d'entraînement, tant d'éloquence, qu'insensible-

ment, presqu'à son insu, M. de Valcreuse
en vint à l'écouter avec une sorte de docilité. Lorsqu'il eut achevé, Hector demeura
longtemps silencieux et pensif; son visage
n'exprimait plus l'emportement, mais un
mélange de douleur et de résignation.

— Vous le voyez, mon enfant, reprit enfin l'abbé, elle n'était qu'égarée ; elle n'est
pas si coupable que vous le pensiez.

M. de Valcreuse ne répondit rien ; puis,
comme se parlant à lui-même :

— Ils s'aimaient, dit-il avec la tristesse
du découragement, ils s'aimaient avant de
me connaître. Comme moi, ils ont été victimes d'une ruse infâme ; mais, puisqu'elle

l'aimait, pourquoi donc a-t-elle accepté ma main? Elle était jeune, elle commençait la vie : le cloître l'épouvantait. Elle se croyait affranchie de ses premiers serments; elle a cru qu'un jour elle pourrait m'aimer. Est-ce donc sa faute, si ce jour n'est pas venu? Ils se sont revus; mais ce n'est pas leur volonté, c'est une ruse infâme qui les a réunis. Ils se sont rencontrés; mais ils ne se cherchaient pas. Vous avez raison, mon ami, ajouta-t-il en se tournant vers l'abbé : égarée ou perdue, elle n'est pas indigne de pitié. Si je n'ai pas su lui inspirer l'amour qui seul pouvait la protéger et la défendre, est-ce elle qu'il faut en accuser? Soyez satisfait, je ne la maudis pas.

— Ce n'est pas assez, mon enfant, répliqua l'abbé.

— Eh! que puis-je de plus? je ne la maudis pas, je la plains.

— Ce n'est pas assez de ne pas la maudire, ce n'est pas assez de la plaindre : il faut lui pardonner.

— Qu'a-t-elle besoin de mon pardon? Elle ne m'aime pas, et d'ailleurs, pourrais-je oublier? Tout n'est-il pas fini entre nous? Pitié ou pardon, qu'importe? Je viens de vous entendre, je ne vous ai pas interrompu; tout ce que vous m'avez dit, je le crois; mais quand vous ne serez plus là, quand je serai seul avec mes souvenirs, le croirai-je? Demain, cette nuit même, dès qu'en vous retirant vous aurez fermé cette porte, la jalousie impérieuse, implacable, ne relèvera-t-elle pas la tête? Tous les fantômes, tous les spectres hideux que vous avez dispersés, ne reviendront-ils pas assaillir mon chevet? En cet instant même, je les sens rôder autour de moi ; je sens passer sur mon front leur souffle empoisonné. Eussiez-vous cent fois raison, tout ce que vous m'avez dit fût-il cent fois vrai, dépend-il de moi d'effacer le passé, dépend-il de moi de vous croire? Ne les ai-je pas vus, vus de mes yeux? ne les ai-je pas surpris ensemble, s'enfuyant comme deux complices qui se dérobent à la justice, à la vengeance? Vous dites qu'elle est partie malgré elle, à son insu ; mais elle-même s'est vantée devant moi d'être partie librement, elle-même s'est vantée de son crime. Vous dites qu'elle est pure, vous le croyez, vous êtes sincère ; mais vous ne voyez donc pas, aveugle insensé, vous ne voyez donc pas qu'elle l'aime, qu'elle ne m'aime pas ! Vous ne comprenez donc pas qu'entre elle et moi il y aura toujours cet homme ! Je pourrai le tuer, mais dans son cœur, mais dans le mien, ne vivra-t-il pas toujours ? Ah ! tenez, ne me parlez plus d'elle, ne prononcez plus son nom devant moi : quoi que vous puissiez dire, quoi que je puisse faire, l'irréparable est entre nous. Ce qui est fait est fait, et Dieu lui-même n'y peut rien.

Ses forces étaient épuisées ; son front se couvrit de sueur ; il tomba dans les bras de l'abbé. Malgré les dernières paroles qu'il venait d'entendre, et qui annonçaient le réveil de la colère et de la jalousie, l'abbé crut entrevoir pourtant que tout n'était pas désespéré, que la cause de Gabrielle n'était pas perdue sans retour.

—

Hector ne s'était pas trompé en parlant de lui-même; il revint, comme il le craignait, comme il l'avait prédit, à sa première incrédulité. Cependant son cœur s'était amolli, et l'espérance de l'abbé ne fut pas complètement déçue. Il était aisé de voir qu'une transformation venait de s'accomplir en lui. L'expression de la résignation, de la pitié, avait remplacé sur son visage celle de la sévérité, de la colère. Il en était arrivé à s'oublier lui-même pour ne songer qu'au malheur de Gabrielle. Ainsi, ces deux âmes, qui se croyaient si profondément désunies, suivaient, à leur insu, la même voie, et se rencontraient dans une commune pensée. Depuis qu'elles se connaissaient, depuis qu'elles n'avaient plus rien à s'apprendre l'une à l'autre, chacune d'elles vivait hors d'elle-même, perdait le sentiment de sa propre douleur; toutes deux se sentaient entraînées par une compassion mutuelle.

Gabrielle ne tenait plus à M. de Kernis que par un seul lien : elle savait qu'il n'était pas homme à violer sa promesse et qu'il viendrait se mettre à la disposition de M. de Valcreuse, dès que l'insurrection lui aurait rouvert les côtes de la France. D'un instant à l'autre il pouvait arriver. Cette crainte était désormais l'unique aliment d'un amour qui n'avait pas impunément traversé tant d'orages.

Ce que Gabrielle redoutait, menaçait de se réaliser bientôt. Si M. de Kernis, en effet, n'attendait que l'occasion de rentrer dans le Bocage, cette occasion ne pouvait manquer de s'offrir à son impatience. L'insurrection grandissait chaque jour; déjà le pays tout entier était au pouvoir de l'armée royaliste. M. de Valcreuse, quoique retenu chez lui par sa blessure qui n'était pas encore complètement guérie, prenait part à toutes les délibérations importantes. Les chefs qui s'étaient rangés sous ses ordres, venaient le consulter toutes les fois qu'il s'agissait d'une mesure décisive. Du fond de son château, il dirigeait les mouvements auxquels il ne pouvait s'associer et suivait d'un œil jaloux les succès de Charette et de Cathelineau. Il ne s'était résigné qu'à regret à demeurer inactif; dans quelques jours il espérait reprendre la campagne.

Une nuit, en s'éveillant, il vit Gabrielle à son chevet. Irène et mademoiselle Armantine s'étaient retirées de bonne heure; toute inquiétude avait disparu, la convalescence marchait à grands pas, et l'abbé lui-même, qui jusque là n'avait pas voulu quitter Hector, s'était décidé à prendre un peu de repos. Tout dormait au château, Gabrielle veillait seule. Assise dans un fauteuil, elle se disait avec tristesse que bientôt elle n'aurait plus le droit de venir chaque jour dans la chambre de son mari, que la barrière un instant abaissée allait se relever. Elle songeait aussi aux dangers de la guerre; elle songeait enfin à la vengeance suspendue sur la tête de M. de Kernis.

M. de Valcreuse resta quelque temps à la regarder à la lueur voilée de la lampe. L'abbé lui-même ne l'eût pas contemplée avec une expression de bonté plus miséricordieuse.

— Gabrielle, lui dit-il enfin, pourquoi veiller si tard? Je suis mieux, vous le savez, je n'ai plus besoin de vous.

Ces paroles furent prononcées avec un

accent si tendre que Gabrielle se sentit émue jusqu'au fond de l'âme. C'était la première fois, depuis son retour, que M. de Valcreuse lui parlait ainsi. Elle tressaillit et regarda son mari avec étonnement ; puis, craignant que sa présence, à cette heure, n'irritât M. de Valcreuse, elle voulut s'excuser ; mais il l'interrompit aussitôt, et lui dit avec douceur :

— Pourquoi vous excuser? Vos soins me touchent ; mais il faut ménager vos forces, il faut ménager votre vie.

— Ménager ma vie! répondit Gabrielle attendrie jusqu'aux larmes, et secouant tristement la tête.

— Vous êtes jeune, reprit Hector, et quoique vous ayez bien souffert, votre vie commence à peine. Dieu vous doit un dédommagement; Dieu est juste, il est bon, ne désespérez pas du bonheur.

A ces mots, Gabrielle, de plus en plus étonnée, regarda son mari avec une expression de stupeur impossible à rendre.

— Le bonheur! la jeunesse! la justice, la bonté de Dieu! murmura madame de Valcreuse comme se parlant à elle-même. Que voulez-vous dire, Hector? pourquoi me parlez-vous ainsi?

— Vous êtes jeune, Gabrielle; ce n'est pas à votre âge qu'on doit désespérer de l'avenir. J'ai vu reverdir des arbres que la foudre avait frappés; j'ai vu se relever des fleurs courbées par le vent d'orage. Comme elles, vous releverez la tête; comme elles, vous reprendrez votre éclat et votre fraîcheur.

— Que voulez-vous dire, Hector? pourquoi donc me parlez-vous ainsi? répéta Gabrielle éperdue.

— Espérez! dit Hector en lui prenant la main.

Gabrielle saisit la main d'Hector dans les siennes et la couvrit de larmes. Elle ne doutait plus de son pardon, et comme ce pardon était le plus grand, l'unique bonheur qu'elle appelât de ses vœux, elle ressentit une joie ineffable, enivrante; mais tout-à-coup l'image de M. de Kernis s'offrit à sa pensée.

— Ah! s'écria-t-elle, puisque vous me pardonnez, que votre pardon soit complet! Hector, ne soyez pas généreux à demi. Pardonnez du même coup à tous ceux qui vous ont fait du mal. Ne le tuez pas, renoncez à votre vengeance, et le reste de ma vie sera consacré à vous bénir.

A ce cri suppliant qu'il prit pour un cri d'amour, Hector frissonna de colère; Gabrielle le regardait avec anxiété. Mais bientôt, se contenant, reprenant possession de lui-même :

— Soyez sans crainte, lui dit-il d'un air

sombre ; soyez sans crainte, Gabrielle : ce n'est pas lui qui doit mourir.

— Oh! merci, oh! merci, s'écria Gabrielle dans un élan de reconnaissance exaltée ; vous êtes bon, vous êtes grand ; que Dieu vous récompense, car Dieu seul peut vous récompenser dignement.

Elle se retira, emportant la seule joie qu'elle pût espérer ici-bas ; et pourtant, à peine fut-elle seule, que, songeant aux dernières paroles qu'elle venait d'entendre, elle se sentit saisie d'épouvante.

V

M. de Valcreuse avait repris la campagne. L'insurrection s'était régularisée dans la haute et la basse Vendée, les royalistes avaient maintenant une véritable armée. Hector continuait à opérer de concert avec Charette ; il ne s'associait jamais aux mouvements de la grande armée et se bornait à occuper la Plaine et le Marais.

Toutefois il prit part au siège de Nantes, et, tandis que Cathelineau attaquait par la rive droite, il fit, avec Charette, une diversion sur la rive gauche. On sait quelle fut l'issue de cette double tentative; Charette et M. de Valcreuse se retirèrent sur le théâtre habituel de leurs opérations. Les chefs vendéens avaient été enivrés des premiers succès obtenus au début de cette guerre; mais leur étoile allait bientôt pâlir. Dans les premières rencontres, les soldats de la république, ignorant la configuration du pays, ayant affaire à un ennemi qui se dérobait à chaque instant et dont l'étrange manière de combattre était pour eux sans précédents, avaient été déconcertés. Plus tard, familiarisés avec le terrain, dirigés par des généraux plus habiles, renforcés par l'héroïque garnison de Mayence, ils devaient reconquérir peu à peu les avantages qui appartiennent d'ordinaire à la science et à la discipline. Chose étrange! ces paysans qui, armés de faulx et de bâtons, avaient remporté des victoires, maintenant armés de sabres, de fusils, et traînant du canon, allaient être battus, enfermés dans un cercle qui se rétrécissait de jour en jour, et réduits à passer la Loire, mais toujours terribles, semant autour d'eux le ravage et l'épouvante, se retournant comme le lion blessé, et frappant encore de stupeur les bataillons qui les traquaient. Déjà les chefs, réunis en conseil, prévoyant qu'ils ne pourraient pas tenir seuls contre les forces de la république, appelaient à leur aide les émigrés et l'Angleterre qui les leurraient de lâches et perfides promesses. Ils ne demandaient qu'un prince qui vînt se mettre à leur tête pour relever le prestige de leur cause ; leur espérance devait être trompée. Ce sera pour les princes français une éternelle honte de n'avoir pas répondu à l'appel des chefs vendéens, et pour les chefs vendéens une éternelle gloire d'avoir accompli, sans le secours de l'étranger, toutes les grandes actions qui marquèrent la première période de cette guerre.

Chaque jour, l'inquiétude grandissait à Valcreuse. Bien qu'Hector fût maître de presque tout le Marais, il n'était pas difficile de prévoir que bientôt le château, situé sur les limites du Marais et du Bocage, se trouverait serré, comme entre deux meules, entre les deux armées républicaines qui se préparaient à envahir la haute et la basse Vendée. Hector, qui, tout en faisant face au général Beysser, ne perdait pas de vue les progrès de Kléber et de Westermann, commençait à se préoccuper sérieusement de l'avenir de sa famille. Il savait quelles terribles représailles étaient commandées par la Convention à ses soldats victorieux ; il savait que des femmes avaient été fusillées, massacrées sans pitié: cruautés horribles, mais dont les soldats vendéens avaient eux-mêmes donné l'exemple ; car si, dans cette guerre, les deux partis se sont jeté à la face le reproche de barbarie, tous deux, aux yeux de l'histoire, l'ont également mérité. Hector dérobait ses alarmes à sa sœur, à Gabrielle, à Irène ; mais lorsqu'il se trouvait seul avec l'abbé, il laissait voir sa pensée tout entière.

— C'est une épouvantable guerre, disait-il ; les vaincus n'ont pas de merci à espérer. Tous les châteaux seront brûlés : quel sort attend ces pauvres femmes !

— Et pourtant, cruel enfant, répondait l'abbé, vous appeliez la mort de vos vœux impies ! Qui donc veillera, si ce n'est vous, sur les êtres que Dieu vous a confiés ? Votre vie ne vous appartient pas, elle appartient à ceux qui vous aiment, à ceux que vous aimez ; vous le comprenez, enfin. Au milieu des scènes de désolation qui nous entourent, tous les ressentiments personnels doivent se taire ; souhaiter, chercher la mort serait de votre part un lâche égoïsme, un indigne abandon de tous vos devoirs.

— Vous avez raison, mon ami : je l'ai compris, j'accomplirai ma tâche jusqu'au bout ; mais, sans chercher la mort, je puis la rencontrer. Que deviendront alors ces trois femmes qui n'ont d'autre appui, d'autre protecteur que moi ? Et vous, mon cher abbé, mon vieil ami, que deviendrez-vous ?

— Aimons-nous, dit l'abbé, serrons-nous les uns contre les autres, attendons la mort avec sérénité, et préparons-nous à rendre à Dieu une âme libre de colère.

—Je n'ai plus ni haine ni colère, reprit Hector; je paraîtrai sans crainte devant Dieu.

Hector était de bonne foi en parlant ainsi; la haine, la colère paraissaient éteintes en lui; mais il y avait dans sa résignation même et dans son indulgence une tristesse profonde qui n'effrayait pas moins l'abbé que ses emportements d'autrefois. Gabrielle elle-même, qui d'abord s'était réjouie, croyant avoir obtenu son pardon, observait maintenant d'un œil inquiet la transformation presque subite qui s'était accomplie chez son mari. Chaque fois que M. de Valcreuse revenait au château, chaque fois qu'il se trouvait seul avec elle, il lui témoignait tant de bienveillance et de mansuétude, qu'elle se surprenait parfois à regretter sa froideur et sa sévérité. Sous cette bienveillance, en effet, elle n'apercevait que la générosité ; elle ne sentait pas la réparation qui lui était due. Elle comprenait qu'aux yeux de son mari, elle n'était ni justifiée ni réhabilitée. Enfin, elle se rappelait son dernier entretien avec Hector, et s'épuisait à en deviner le sens. Qu'avait-il voulu dire, quand il lui parlait de bonheur et d'espérance? Qu'avait-il voulu dire, quand elle l'avait supplié d'épargner M. de Kernis? Il y avait des instants où elle croyait entrevoir la résolution à laquelle il s'était arrêté, et alors son cœur se remplissait d'épouvante ; il y en avait d'autres où elle rejetait comme insensées toutes ses conjectures, et alors, elle retombait dans sa première perplexité. En réalité, la situation réciproque d'Hector et de Gabrielle était toujours la même ; il n'y avait de changé que l'attitude de M. de Valcreuse. Gabrielle était toujours engagée dans une voie sans issue; seulement, au lieu de rencontrer le regard inexorable de son mari, elle rencontrait un regard plein à la fois de compassion et de tristesse.

Depuis qu'elle était rassurée sur le sort de M. de Kernis, elle avait fait à Irène le sacrifice de sa passion, et l'image de M. de Valcreuse l'occupait désormais tout entière. Elle écoutait à présent sans jalousie sa cousine qui, avec la confiance de la jeunesse et de l'amour, trouvait, au milieu des graves évènements qui s'accomplissaient chaque jour, le temps de former des projets de bonheur. Quand elles étaient réunies toutes deux avec mademoiselle Armantine, le nom de M. de Kernis revenait souvent dans leurs entretiens. Gabrielle, croyant expier ainsi les égarements du passé, prenait part aux rêves, aux espérances d'Irène, et ne s'apercevait pas que déjà un autre amour s'établissait en maître dans son cœur. Quant à mademoiselle Armantine, elle ne doutait pas un seul instant que M. de Kernis ne revînt bientôt, comme un vrai chevalier, pour enlever la dame de ses pensées ; elle allait jusqu'à s'étonner qu'il ne fût pas encore venu. Gabrielle aussi s'en étonnait tout bas, et tremblait pourtant de le voir reparaître ; car la colère à peine assoupie de M. de Valcreuse pouvait se réveiller.

Cependant cette préoccupation s'affaiblissait de jour en jour. Sans doute M. de Kernis, n'ayant pu rentrer en France par les côtes, demeurait en Angleterre pour se concerter avec les émigrés, ou était allé joindre l'armée de Condé. Les dangers qui menaçaient M. de Valcreuse, s'emparaient de plus en plus de la pensée de Gabrielle. La présence d'Hector devenait de plus en plus rare au château ; la nuit venue, quand il n'était pas rentré, madame de Valcreuse allait seule dans la chambre d'Hector, et là, attirée par un charme secret, elle relisait avidement le journal où son mari avait déposé ses sentiments intimes, comme autrefois elle lisait les lettres de M. de Kernis.

Un soir, M. de Valcreuse rentra plus sombre qu'à l'ordinaire. Il revenait du camp de Charette où il avait passé toute la journée. Le lendemain, deux colonnes républicaines devaient opérer leur jonction, en partant, l'une de Machecoul, l'autre de Challans; si elles trouvaient moyen de se joindre, elles balaieraient le pays comme le vent le blé dans l'aire. Charette devait se porter sur Machecoul, et M. de Valcreuse sur Challans. En effet, le lendemain, au point du jour, tous les paysans rangés sous les ordres d'Hector se mettaient en marche d'un pas résolu, tandis qu'on entendait déjà la fusillade engagée du côté de Machecoul. Ces réunions, ces prises d'armes, ces marches militaires étaient si fréquentes depuis quelques mois que les habitants du château s'y étaient habitués et s'en alarmaient à peine. Quand on lit l'histoire de ces temps désastreux, on se demande comment on faisait pour vivre au milieu de ces péripéties tumultueuses, sans cesse renouvelées ; on oublie que les âmes les plus craintives finissent par se familiariser avec le danger, au point de ne plus même s'en préoccuper. Les mères, les femmes et les filles des chefs vendéens s'étaient acclimatées au sein de la guerre, et vivaient au bruit du canon presque aussi tranquillement que dans les salons de Versailles. Non seulement on vivait, mais encore toutes les passions qui semblent ne pouvoir se développer librement que dans la paix, trouvaient le temps de se montrer avec toute leur ardeur, toute leur énergie.

Cependant, vers le milieu du jour, quand on entendit du côté de Challans le bruit de la mousqueterie et du canon qui se rapprochait, l'alarme fut grande au château. On savait que Machecoul venait de tomber entre les mains de Charette ; mais la joie excitée par cette heureuse nouvelle avait été de courte durée ; car on avait bientôt appris que M. de Valcreuse avait rencontré à mi-chemin la colonne partie de Challans. Cette colonne se composait de ces terribles Mayençais que la Convention avait lâchés sur la Vendée, et qui semaient autour d'eux la mort et l'incendie. Le premier choc avait été meurtrier pour les deux partis. Les paysans, animés par la présence d'Hector, tenaient bon ; mais leurs rangs s'éclaircissaient ; la mitraille les décimait, et le bruit de la fusillade se rapprochait de plus en plus. Un instant, la colonne royaliste et la colonne républicaine se trouvèrent si près du château, qu'on apercevait à l'horizon la fumée qui montait au-dessus des bois. Déjà quelques blessés avaient été apportés dans la cour ; les femmes, pâles, silencieuses, assises autour d'une table, s'occupaient à faire de la charpie ; l'abbé préparait les moyens de défense, et armait les serviteurs, les garçons de ferme, d'après les instructions que M. de Valcreuse lui avait laissées.

L'alarme n'était que trop justifiée ; un paysan blessé avait annoncé que la colonne royaliste était repoussée et battait en retraite. Vainement Hector s'efforçait de ramener ses soldats à la charge ; vainement il leur donnait l'exemple du courage et de l'héroïsme : sa voix était à peine écoutée, et il perdait à chaque instant du terrain. Tout était perdu sans retour, si Charette, averti par le bruit de l'artillerie, n'envoyait pas un détachement au secours de M. de Valcreuse.

Les choses en étaient là, quand tout-à-coup Rosette entra dans le salon, les cheveux en désordre, le teint enflammé, couverte de poussière.

— Eh bien! qu'as-tu vu? que sais-tu? s'écria madame de Valcreuse, se levant et courant à elle.

— Bonne nouvelle, Madame, bonne nouvelle! répondit la petite en battant des mains; les bleus sont repoussés. Tenez, écoutez, les entendez-vous qui s'enfuient?

Tous prêtèrent l'oreille : le bruit s'éloignait. Presqu'au même instant, on reçut un courrier de M. de Valcreuse. Les choses avaient changé de face, grâce à un secours inespéré, envoyé par Charette ; la colonne républicaine battant en retraite à son tour, était rejetée sur Challans, d'où Hector comptait bien la déloger le soir même, si elle n'était pas complètement écrasée avant d'y arriver.

Dans la soirée, on vit arriver le convoi des blessés recueillis sur le théâtre du dernier engagement et dirigés sur le château, d'après les ordres d'Hector. Des matelas étaient déjà étendus dans les salles du rez-de-chaussée. Alors se passa une de ces scènes déchirantes qui suivent la victoire aussi bien que la défaite : les mères, les filles, les épouses, étaient accourues à la suite du convoi pour reconnaître leurs fils, leurs pères, leurs maris. Elles allaient de l'un à l'autre, et, lorsqu'elles avaient reconnu quelqu'un des êtres qu'elles cherchaient, elles poussaient des cris désespérés et maudissaient les bleus, comme si les bleus, demeurés sur le champ de bataille, n'avaient pas, eux aussi, des mères, des filles et des épouses.

Gabrielle, Irène, mademoiselle Armantine et l'abbé parcouraient les salles, suivis des serviteurs qui portaient dans des corbeilles du linge et de la charpie. L'abbé qui avait appris à panser les plaies du corps aussi bien que les plaies de l'âme, examinait les blessures et posait le premier appareil, tandis qu'Irène, Gabrielle, mademoiselle Armantine essayaient, par de douces paroles de rassurer, de consoler les femmes éplorées.

Toutes les blessures étaient graves, tous avaient été frappés par devant. Quelques-uns semblaient déjà inanimés; d'autres, dont les forces n'étaient pas encore complètement épuisées, tenaient leurs chapelets entre leurs doigts défaillants et murmuraient à voix basse leurs prières. Pas un ne se plaignait, pas un ne maudissait la cause pour laquelle il venait de verser son sang. L'abbé, témoin de cette héroïque résignation, s'approchait d'eux avec respect, et, tout en leur distribuant les consolations évangéliques, se demandait ce qu'il pouvait enseigner à ces héros, à ces martyrs.

Dans le fond d'une salle était étendu un blessé enveloppé tout entier d'un manteau. Une de ses mains, blanche, livide, pendait sur le bord de la couche où il avait été placé.

L'abbé prit cette main pendante, interrogea le pouls, et, sentant qu'il battait encore, ouvrit le manteau, écarta les vêtements et chercha la blessure.

La blancheur de la poitrine, la finesse du linge ensanglanté, disaient clairement qu'il avait sous les yeux un chef vendéen. Il prit une lampe des mains d'un serviteur, se pencha sur le visage, tressaillit et devint pâle comme le visage qu'il contemplait.

Cependant, maîtrisant son émotion et cachant sous un pan du manteau les traits qu'il venait de découvrir, il donnait à voix basse l'ordre de transporter le blessé à la ferme, quand Irène, Gabrielle et mademoiselle Armantine, qui le suivaient à quelques pas de distance, s'approchèrent à leur tour.

— Éloignez-vous, leur dit l'abbé. C'est un malheureux qui, bientôt, n'aura plus besoin de nos soins.

Et d'une main tremblante il essayait de les écarter; mais Irène, qui avait aperçu le manteau du blessé, saisie d'un pressentiment cruel, repoussa l'abbé et s'avança résolument.

Elle découvrit le visage et tomba sans

vie dans les bras de l'abbé. Mademoiselle Armantine jeta un cri d'effroi ; Gabrielle s'était agenouillée au pied de la couche, comme une statue sur un tombeau.

VI

Depuis que M. de Kernis avait mis le pied sur la terre étrangère, il ne vivait plus que pour une seule pensée : il comprenait que tout était désormais fini entre lui et la femme qu'il aimait. Il n'avait plus qu'un seul devoir à remplir : se mettre, dès qu'il le pourrait, à la disposition de M. de Valcreuse. Il s'était senti petit devant Hector, et avait voilé dans son cœur l'image de Gabrielle. Il croyait ainsi offrir à M. de Valcreuse une sorte de réparation anticipée. Dès qu'il avait appris l'insurrection de la Vendée, il avait cherché avidement l'occasion de rentrer en France; mais cette occasion ne s'était pas présentée.

Pour accomplir sa promesse, pour dégager sa parole, M. de Kernis se fût volontiers exposé aux périls les plus imminents; il n'avait pas trouvé de patron qui consentît à le transporter. Il passait une partie de sa journée à se promener sur la grève, les yeux tournés vers les côtes de France. Il se disait qu'il y avait là un homme qu'il avait offensé, qui l'attendait, qui s'étonnaît peut-être de ne pas le voir arriver, et, dans son impatience, il maudissait les obstacles qui le retenaient. Enfin, sachant que l'insurrection était maîtresse du pays, que Noirmoutiers était au pouvoir de Charette, que la baie de Bourgneuf était libre, il partit. Il débarqua le matin même où l'armée royaliste venait de reprendre Machecoul et refouler la colonne républicaine jusqu'au de-là de Port-Saint-Père. Il entra dans Machecoul, encombré de morts et de blessés, au moment où Charette envoyait un détachement de cavalerie au secours de M. de Valcreuse. M. de Kernis était armé; il demanda un cheval et se mêla aux cavaliers qui se dirigeaient vers Challans.

Malgré l'ardeur de ses convictions politiques, malgré son dévoûment à la cause royaliste, ce n'était pas pour la servir qu'il allait à Challans, mais pour rencontrer M. de Valcreuse. Il n'avait pas l'intention de se battre, car il regardait sa vie comme ne lui appartenant plus, et il se fût fait scrupule de l'exposer, avant de l'avoir offerte à l'homme qui en était le maître. Cependant, exalté, enivré par le bruit du canon, par l'odeur de la poudre, il oublia sa résolution et se jeta un des premiers sur le flanc de l'ennemi. Un des premiers, il mit le désordre dans les rangs républicains, et déjà il avait changé la face des choses, lorsqu'il tomba grièvement blessé. Aucun de ceux qui l'avaient vu combattre ne le connaissait; mais tous s'accordaient à lui décerner l'honneur de la journée. Plus d'une fois, pendant l'action, il avait poussé son cheval du côté de M. de Valcreuse, sans réussir jamais à le rejoindre; la mêlée les avait séparés. Atteint d'un coup de feu à la poitrine, il demeura sur le champ de bataille, et ne fut relevé qu'au moment où le convoi se mettait en marche pour le château. Il avait perdu connaissance, et, lorsqu'il arriva, il paraissait inanimé. Ceux qui l'avaient déposé dans une des salles, le regardaient comme mort, et l'avaient enveloppé dans son manteau, afin de dérober aux blessés placés près de lui la vue d'un cadavre.

En le reconnaissant, l'abbé ne fut pas seulement saisi de compassion pour ce jeune homme qu'il avait aimé ; il frémit d'épouvante en le revoyant sous le toit d'Hector, sous ce toit qu'il avait rempli, qu'il pouvait remplir encore de tant de trouble et de douleur. Sa première pensée fut de l'envoyer à la ferme, pour le cacher à tous les yeux ; sa prudence échoua contre la curiosité d'Irène. Il insista pourtant, mais aux premiers mots, mademoiselle Armantine se révolta.

— Y pensez-vous, Monsieur l'abbé ? s'écria-t-elle d'une voix indignée ; y pensez-vous ? M. de Kernis soigné à la ferme, M. de Kernis qui a été notre hôte pendant si longtemps ? Que dirait mon frère à son retour ? Il s'étonnerait à bon droit de voir qu'en son absence, on pratique ainsi les devoirs de l'hospitalité. M. de Kernis à la ferme! je n'y consentirai jamais. Je veux qu'il se réveille demain dans le plus bel appartement du château.

— Je croyais, répliqua l'abbé, qu'en l'absence d'Hector...

— En l'absence d'Hector, c'est moi qui le remplace, et, je vous le répète, c'est ici, c'est par nous que ce jeune homme sera soigné; je suis sûre d'avance de l'approbation de mon frère.

Pour ceux, en effet, qui ne savaient pas ce qui s'était passé entre Hector et M. de Kernis, rien n'était plus simple que le parti auquel s'arrêtait mademoiselle Armantine; plusieurs chefs vendéens avaient été soignés au château. Dans ce temps de troubles, on n'avait guère le temps de se montrer sévère sur les convenances; l'abbé, en résistant davantage, devait craindre d'éveiller les soupçons de mademoiselle de Valcreuse et des serviteurs, déjà instruits de la présence de M. de Kernis.

Tandis que mademoiselle Armantine donnait des ordres pour préparer la chambre où M. de Kernis allait être transporté, tandis que l'abbé songeait avec terreur à cette nouvelle complication, Gabrielle et Irène, assises près du blessé, réchauffaient dans leurs mains ses mains glacées. Un instant, M. de Kernis ouvrit les yeux, regarda tour à tour les deux cousines, puis les referma presqu'aussitôt. En voyant qu'il respirait encore, toutes deux laissèrent échapper un cri de joie. En ce moment, Gabrielle était bien loin d'envisager les nouveaux malheurs que pouvait entraîner le retour inattendu de M. de Kernis : elle n'avait qu'une seule pensée : il était blessé, mortellement peut-être ; il fallait le sauver à tout prix. Elle oubliait le ressentiment légitime de son mari ; elle oubliait le passé tout entier et ne sentait qu'une seule chose : M. de Kernis était blessé.

Quand M. de Kernis eut été transporté dans la chambre qu'on venait de lui préparer, l'abbé, en examinant la blessure, reconnut que, malgré sa gravité, elle était moins dangereuse qu'il ne l'avait pensé d'abord. La balle n'avait pas pénétré dans la poitrine : elle avait glissé sur les côtes, et n'avait labouré que les chairs. Une hémorrhagie abondante avait amené la syncope, qui durait encore. Mademoiselle Armantine, Irène, Gabrielle et l'abbé, rangés autour de son lit, attendaient avec anxiété qu'il reprît connaissance. Enfin, il ouvrit les yeux pour la seconde fois, et, promenant sur eux un regard étonné :

— Où suis-je? dit-il d'une voix mourante. Que s'est-il passé? Est-ce un rêve?... Est-ce vous, mademoiselle Armantine?... Est-ce vous, mon cher abbé?...

Puis se tournant vers Irène et Gabrielle,

penchées toutes deux sur son chevet :

— Est-ce vous, ajouta-t-il, vous que je n'espérais plus revoir?

En un instant, il entrevit toute la réalité: il était à Valcreuse, chez l'homme qu'il avait offensé; il avait près de lui la femme dont il avait ruiné le bonheur, dont il allait peut-être encore une fois compromettre le repos; sa tête était si affaiblie que toutes ses pensées se confondirent bientôt, et qu'il n'eut pas la force de les suivre et de les fixer. Ses paupières appesanties s'abaissèrent, et il s'endormit en souriant, comme s'il eût revu dans ses rêves les visages qui l'entouraient; mais le lendemain, à son réveil, quand il eut rassemblé ses souvenirs, il comprit nettement ce qu'il n'avait fait qu'entrevoir la veille. Dans son trouble, il fit un mouvement pour se lever; la douleur le cloua sur son lit. En se retournant, il aperçut l'abbé qui avait passé la nuit près de lui, et qui, la tête entre ses mains, s'abîmait dans ses réflexions. Il l'appela d'une voix brève, et lui prenant le bras :

— Mon ami, dit-il, je ne peux pas, je ne veux pas rester ici un instant de plus. Quelle que soit la gravité de ma blessure, en quelque état que je me trouve, faites-moi porter hors du château. C'est mon droit, c'est votre devoir. Ne me demandez aucune explication : le temps presse, nous n'avons pas un instant à perdre. Faites-moi porter hors du château, je vous en prie, je le veux, je l'exige.

— Vous devez rester ici, monsieur le comte, répondit tristement l'abbé. Si funeste qu'ait été, si funeste que puisse encore être votre présence dans cette maison, vous ne pouvez pas la quitter.

— Je vous dis, reprit M. de Kernis d'une voix impérieuse, que je ne peux pas, que je ne dois pas rester ici un instant de plus. Vous ne savez rien, vous ne comprenez pas pourquoi je parle ainsi.

— Je sais tout, dit l'abbé, madame de Valcreuse m'a tout appris.

— Eh bien! si vous savez tout, répliqua M. de Kernis, comment pouvez-vous hésiter ?

— C'est que je sais aussi des choses que vous ignorez, Monsieur le comte. A mon tour, je vous le répète, vous ne pouvez pas, vous ne devez pas sortir d'ici.

En quelques mots, l'abbé lui raconta ce qui s'était passé, et lui montra que, dans l'état où il était, il ne pouvait partir sans éveiller les soupçons de tout le monde, sans détruire tout ce que M. de Valcreuse avait fait pour l'honneur de Gabrielle et de sa maison.

Tandis que M. de Kernis se débattait

contre la nécessité qui l'étreignait de ses liens de fer, mademoiselle Armantine et Irène étaient entrées dans sa chambre; leur présence mit fin à l'entretien. Mademoiselle Armantine, dont les craintes étaient presque entièrement calmées, n'avait pas cru pouvoir se dispenser de faire quelques frais de toilette pour se présenter chez son hôte. Irène n'avait d'autre parure que l'émotion qui colorait son frais visage. A peine remise de l'inquiétude de la veille, joyeuse du retour de l'homme qu'elle aimait, ses yeux exprimaient naïvement les deux sentiments qui se partageaient son cœur. M. de Kernis leur tendit la main, et d'une voix qu'il s'efforçait de rendre calme :

— Pardonnez-moi, Mademoiselle, dit-il à mademoiselle de Valcreuse ; je suis un embarras pour vous. Je regrette qu'on m'ait amené ici ; ma blessure n'est pas grave ; je pourrais sans danger être transporté dans une ferme voisine.

— C'est l'abbé, je le jurerais, s'écria mademoiselle Armantine, — et elle lançait à l'abbé un regard foudroyant ; c'est l'abbé qui vous a mis en tête ces belles idées.

— Vous vous trompez, mademoiselle, reprit doucement l'abbé. Quand vous êtes entrée, j'étais en train de prouver à M. le comte qu'il ne pouvait sortir d'ici sans nous désobliger tous.

— Ce n'est pas là ce que vous pensiez hier soir, répliqua mademoiselle Armantine ; car, si j'arrivais un instant plus tard, vous faisiez porter M. de Kernis à la ferme, et je n'en savais rien.

— L'abbé avait raison, dit M. de Kernis ; c'était peut-être le parti le plus sage.

— Eh quoi! dit Irène à son tour, vous est-il donc si cruel de demeurer au milieu de nous? Votre blessure est peu grave? tant mieux; votre convalescence sera prompte, et nous ferons tout ce qui dépendra de nous pour en abréger les heures. Ne vous sera-t-il pas doux de nous voir chaque jour à votre chevet?

— A la ferme! à la ferme! monsieur de

Kernis à la ferme ! répétait mademoiselle Armantine ; il n'y a que l'abbé pour avoir ces idées là. Je voudrais bien savoir ce que mon frère dirait à son retour. Je suis sûre, monsieur le comte, qu'Hector sera enchanté de vous trouver chez lui. Je lui ai si souvent parlé de vous !

— Et moi aussi, s'écria ingénuement Irène. Oh ! il vous connaît bien ; vous êtes presque de la famille.

— D'ailleurs, poursuivit mademoiselle Armantine, n'est-ce pas à ses côtés que vous avez été blessé ? n'est-ce pas en combattant pour notre sainte cause ? Vous faisiez partie, sans doute, du détachement envoyé par M. Charette au secours de mon frère.

Et, comme M. de Kernis faisait mine de vouloir l'interrompre :

— Taisez-vous, dit-elle en lui fermant la bouche du revers de sa belle main blanche ; taisez-vous, je ne veux rien entendre ; vous êtes mon prisonnier.

L'abbé qui, pendant cet entretien, souffrait pour lui-même et pour M. de Kernis, quitta la chambre et se rendit chez Gabrielle, prévoyant bien qu'elle devait être, à cette heure, en proie à de mortelles angoisses. En effet, il la trouva dans un état d'exaltation impossible à décrire.

— Nous sommes perdus, s'écria-t-elle en l'apercevant, nous sommes perdus. Pourquoi vous êtes-vous rendu aux folles remontrances de ma belle-sœur ? Pourquoi n'avez-vous pas éloigné à tout prix M. de Kernis ? M. de Valcreuse veut le tuer, ne le savez-vous pas ? Ils se battront, et Hector le tuera.

— Je connais Hector, dit l'abbé ; je réponds de lui. J'ai lu dans son cœur ; il n'a plus maintenant ni haine ni colère. Il n'a désormais qu'une seule pensée, la cause qu'il défend. Il ne tuera pas M. de Kernis ; il a renoncé à sa vengeance.

—Il nous a trompés, il s'est trompé lui-même. Vous croyez qu'il a renoncé à se venger; moi aussi je l'ai cru, mais j'étais folle de le croire. Moi aussi, je le connais ; il est grand, il est généreux, mais il est terrible, et, quand il reverra chez lui l'homme avec qui je m'enfuyais, que voulez-vous qu'il fasse ? Il le tuera.

— Vous calomniez Hector.

— Eh ! comment voulez-vous que sa colère ne se réveille pas tout entière, quand il retrouvera ici l'homme dont la vie lui appartient, l'homme qui a porté dans sa famille le trouble et la désolation ?

— Vous n'avez été qu'égarée, Hector le sait, mon enfant. Vous vous êtes relevée dans son cœur : il vous rend enfin justice.

— Il me croit perdue sans retour, répondit Gabrielle avec désespoir. Je ne suis pas dupe de sa bonté; il n'a pour moi que de la pitié, et sa pitié m'humilie encore plus que sa dureté. Et lors même que sa bonté pour moi serait sincère, lors même qu'il m'aurait rendu son estime, la vue de M. de Kernis près de moi ne suffira-t-elle pas pour ranimer ses soupçons, ses projets de vengeance? Il aura beau savoir que M. de Kernis est revenu ici malgré lui, malgré moi, dès qu'il nous verra réunis sous le même toit, sa raison s'égarera, son sang s'enflammera; il n'écoutera plus que son ressentiment. Nous sommes perdus, vous dis-je, et, s'il le tue, il faut qu'il me tue avec lui.

Et comme l'abbé la regardait avec stupeur :

— Je ne veux pas, poursuivit-elle, je ne veux pas d'un pardon qu'il ne partagerait pas. Si M. de Valcreuse le tue, il faudra qu'il nous tue tous deux.

— Peut-être, dit l'abbé d'une voix qui s'accordait mal avec le sens de ses paroles, peut-être tout n'est-il pas déséspéré. Plus d'une fois déjà M. de Valcreuse est resté une semaine entière hors de son château. S'il tarde encore quelques jours,

M. de Kernis sera guéri; Hector, en rentrant, ne le trouvera plus.

— Oui, dit Gabrielle qui saisissait avidement cette espérance, oui, mon Dieu! vous avez raison. Je parlerai à M. de Kernis, nous lui parlerons ensemble. Nous lui dirons que M. de Valcreuse a pardonné, mais qu'ils ne doivent plus se rencontrer. Oh! nous le convaincrons, nous le sauverons, n'est-ce pas?

Tandis qu'elle prononçait ces paroles, sa figure rayonnait, quand tout-à-coup on entendit le galop d'un cheval qui s'arrêta dans la cour. Gabrielle et l'abbé coururent à la fenêtre: c'était M. de Valcreuse.

VII

L'abbé courut au devant d'Hector et le rencontra sur la dernière marche du perron. M. de Valcreuse, malgré l'avantage qu'il venait de remporter, était sombre et préoccupé. La guerre prenait un caractère de plus en plus alarmant : sa famille venait d'échapper à un grand désastre, il le comprenait; tôt ou tard il faudrait lui trouver un refuge. L'armée républicaine gagnait tous les jours du terrain. Déjà le château n'offrait plus un abri sûr ; il suffisait d'un échec du parti royaliste pour le livrer au massacre et à l'incendie. Hector revenait, agité par ces tristes pressentiments. L'abbé l'arrêta sur le seuil de la porte et l'entraîna dans une allée du parc. Il portait lui-même sur le front une inquiétude qui ne pouvait échapper à l'œil de M. de Valcreuse.

— Qu'avez-vous, mon ami, demanda Hector ; que s'est-il passé en mon absence ?

— Vous m'avez dit, mon enfant, que vous n'aviez plus ni haine ni colère ; vous en souvenez-vous ?

— Oui, mon ami, je vous l'ai dit et je ne l'ai pas oublié.

— La vérité s'est-elle fait jour, tout ressentiment s'est-il éteint dans votre cœur? Avez-vous pardonné?

— Je vous l'ai dit, mon ami, je n'ai plus ni haine ni colère.

— Eh bien! mon enfant, Dieu a voulu vous éprouver.

— Qu'y a-t-il? quel nouveau malheur est venu fondre sur moi?

— Etes-vous sûr de vous-même, Hector? Pouvez-vous répondre des mouvements de votre âme?

— Au nom de Dieu, parlez.

— Eh bien! mon enfant, l'homme qui vous a cruellement offensé, par qui vous avez tant souffert, M. de Kernis est là, chez vous, sous votre toit.

— Lui, chez moi! lui dans ma maison! Ah! c'est trop me braver, s'écria M. de Valcreuse. Non, c'est impossible; je devais le rencontrer, il me l'avait promis; mais ce n'est pas chez moi qu'il serait venu me chercher. S'il eût osé se présenter, vous ne l'auriez pas reçu, vous ne m'auriez pas outragé à ce point.

En ce moment, le visage de M. de Valcreuse était pâle ; ses yeux flamboyaient. L'orage qui grondait dans son cœur, et qu'il contenait encore, allait éclater.

— Est-ce donc là, mon enfant, ce que vous m'avez promis ? Vous n'aviez plus ni haine ni colère, et voilà qu'à la première étincelle, la haine et la colère se rallument en vous.

— Malheureux ! s'écria Hector, quel sang croyez-vous donc qui coule dans mes veines ! Pensez-vous que je sois de marbre ? pensez-vous que mon cœur soit mort ou glacé ? Il est là, dites-vous, il est chez moi, et vous voulez que je demeure impassible ; il est là, chez moi, près d'elle, et vous voulez que je vous écoute froidement, sans frémir d'indignation. Le lâche! sans doute, il comptait sur mon absence ; mais je ne suis plus au fond de l'Inde. Je ne le cherchais pas ; j'en prends Dieu à témoin, je ne l'attendais plus. Malheur à lui, puisqu'il est venu! puisqu'il est là, chez moi, malheur à lui!

— M. de Kernis est blessé, dit l'abbé, il a été rapporté chez vous sans connaissance. Je voulais l'envoyer à la ferme, je voulais le cacher à tous les yeux; votre sœur, qui l'avait reconnu, n'a pas consenti à le laisser partir. Ce matin, en s'éveillant, il insistait pour s'éloigner, au péril de sa vie; mais il était trop tard, et moi-même j'ai dû m'y opposer, pour prévenir les soupçons de votre sœur, de mademoiselle Irène, pour prévenir les commentaires des serviteurs. Ce que j'ai fait, Hector, ne l'eussiez-vous pas fait à ma place?

A ces mots, la colère de M. de Valcreuse s'éteignit comme un feu de chaume sous une large ondée; il ne resta plus en lui qu'un profond sentiment de tristesse. Il demeura longtemps silencieux; l'abbé le regardait avec anxiété.

— Du courage, mon enfant, lui dit-il; sois fort, montre-toi digne des épreuves que Dieu t'envoie. Les grandes douleurs viennent du ciel et nous y ramènent; Dieu ne les inflige qu'aux grandes âmes.

—Allons, dit enfin M. de Valcreuse avec

un geste d'héroïque résignation, Dieu est pour eux ; il les protège, il les réunit. Accomplissons jusqu'au bout la tâche qui m'est échue ; venez, mon ami, allons voir cet hôte fatal.

Mademoiselle Armantine et Irène étaient assises au chevet de M. de Kernis, quand la porte s'ouvrit ; M. de Valcreuse entra, suivi de l'abbé. M. de Kernis fit un brusque mouvement pour se lever sur son séant ; mademoiselle Armantine et Irène s'étaient déjà jetées dans les bras d'Hector.

— Mon frère, dit mademoiselle Armantine le prenant par la main et l'entraînant près du lit : monsieur de Kernis, de qui je vous ai si souvent parlé. C'est en combattant pour notre sainte cause, qu'il a été frappé ; débarqué depuis quelques heures seulement, il faisait partie du détachement envoyé par M. Charette.

— Convenez, mon cousin, dit Irène, que M. de Kernis n'a pas perdu de temps.

— Vous voyez, mon frère, que je ne vous avais pas trompé, ajouta mademoiselle Armantine, en vous disant que notre hôte était la fleur de la chevalerie.

— Ainsi, monsieur le comte, dit Hector, c'est vous qui avez ramené la victoire dans nos rangs ; c'est à vous, c'est à votre valeur que nous devons le succès de la journée. J'ignorais votre nom ; mais je savais que vous étiez débarqué le matin même dans la baie de Bourgneuf. Vous vous êtes battu comme un lion ; tous ceux qui vous ont vu à l'œuvre parlent encore des coups que vous portiez. Quand l'affaire a été décidée, ne vous voyant pas reparaître, nous vous avons cru mort, et déjà le deuil était dans tous les cœurs. Il m'est doux de vous retrouver ; il n'est personne qui ne s'honorât de vous prodiguer les soins que votre état réclame.

— Eh bien ! le croirez-vous, mon frère? s'écria mademoiselle Armantine ; l'abbé voulait faire transporter notre malade à la ferme. Pour m'opposer à ce projet insensé, il m'a fallu invoquer votre nom ; il m'a fallu lui rappeler que je tiens ici votre place.

— L'abbé avait raison, mademoiselle, dit M. de Kernis qui contenait à grand'peine son impatience. Monsieur, ajouta-t-il s'adressant à Hector, je suis heureux d'avoir pu vous rendre service. Cependant, je dois vous le dire, ce n'est pas pour prendre part à une bataille que j'étais rentré en France; j'étais venu pour accomplir un devoir sacré, et, si je me réjouis de n'être pas resté parmi les morts, c'est parce que je pourrai l'accomplir.

A ces mots, un éclair de joie illumina le front de mademoiselle Armantine; un gracieux sourire effleura ses lèvres. Irène elle-même se sentit doucement émue. Mademoiselle Armantine ne doutait plus que M. de Kernis ne fût revenu pour demander la main d'Irène; Irène n'était pas éloignée de le croire.

— Avouez, mon frère, dit mademoiselle de Valcreuse, avouez que j'ai bien fait de tenir tête à l'abbé et de vous ménager, pour le retour, cette aimable surprise.

Il eût été facile à Hector de prolonger le supplice de M. de Kernis, en laissant l'entretien s'engager dans cette voie, en l'y poussant lui-même; mais une telle vengeance répugnait à son grand cœur. Il souffrait dans sa dignité personnelle, il souffrait dans la dignité de ce jeune homme; il s'empressa de couper court à

ces propos, qui étaient, pour lui et pour
M. de Kernis, autant de flèches empoisonnées. Il amena la conversation sur la guerre,
et M. de Kernis, qui devina son intention, lui rendit grâces au fond de son âme.
Mademoiselle Armantine qui, au milieu
des troubles de ces temps malheureux,
n'avait jamais oublié de faire trois toilettes
par jour, et que les questions stratégiques
intéressaient d'ailleurs médiocrement, se
retira suivie d'Irène. L'abbé, dominé par
un sentiment de défiance, feignit de ne pas
comprendre le regard de M. de Kernis qui
voulait l'éloigner. Dès qu'ils furent seuls
tous trois, les physionomies changèrent
brusquement d'expression, et la conversation de sujet. M. de Valcreuse se leva, et
M. de Kernis prit la parole.

— Vous savez, monsieur, dit-il avec dignité, comment je me trouve ici ; croyez bien, je vous prie, que j'en souffre autant que vous. Vous savez aussi pourquoi je suis revenu ; le devoir sacré qu'il me reste à remplir, vous le connaissez. Il n'a pas dépendu de moi de vous offrir plus tôt la réparation que vous avez le droit d'attendre. Dans quelques jours, je l'espère, je vous la donnerai complète, telle que vous pouvez la souhaiter.

A ces mots, l'abbé attacha sur Hector un regard inquiet.

— Monsieur le comte, répondit M. de Valcreuse, vous aviez promis de venir, vous êtes venu, c'est bien. A cette heure, vous êtes blessé, vous êtes mon hôte ; votre guérison doit seule nous préoccuper. Quant au but de votre voyage, nous en parlerons dès que vous serez rétabli.

M. de Kernis ne répondit que par un geste d'assentiment et de déférence.

— Je regrette, monsieur le comte, ajouta M. de Valcreuse, de ne pouvoir rester plus longtemps près de vous. Je vais où le devoir m'appelle ; mais mon absence ne sera pas de longue durée et nous nous reverrons bientôt.

En achevant ces paroles, il s'inclina et sortit, entraînant l'abbé. Il descendit dans la cour où se trouvait son cheval encore sellé.

— Mon ami, dit-il à l'abbé d'un ton bref, vous direz qu'un courrier arrivé à l'instant m'oblige à partir sans délai. Faites mes adieux à ma sœur, à Irène.

Déjà il avait le pied dans l'étrier.

— Mais, Gabrielle, demanda l'abbé, partirez-vous donc sans la voir ?

Hector sauta en selle et partit au galop.

L'abbé, justement alarmé des paroles échangées entre Hector et M. de Kernis, comprenant que la présence de ce jeune homme venait de réveiller toute la douleur, tout le ressentiment de M. de Valcreuse, et que Gabrielle attendait avec anxiété le récit de cette périlleuse entrevue, se rendit chez elle en toute hâte. Madame de Valcreuse, placée à sa fenêtre, avait vu partir son mari, et devinait sans peine dans quels sentiments il s'éloignait.

— Il part, s'écria-t-elle, le visage baigné de larmes, en apercevant l'abbé ; il part, il veut nous épargner le reproche de sa présence ; il croit que nous ne pouvons devant lui nous regarder sans rougir ; sa générosité est encore un outrage. Parti sans me voir, sans me dire un mot d'adieu... ne vous a-t-il rien dit pour moi ?

— Rien, mon enfant, répondit tristement l'abbé.

— Rien! répéta Gabrielle consternée; mais vous étiez présent à leur entrevue? Qu'ont-ils dit? ne me cachez rien, je veux tout savoir. M. de Valcreuse a-t-il été bien terrible? Devant vous, il se sera contenu. Je le connais, il est noble, il est grand; il aura voulu ménager un ennemi blessé; mais avez-vous épié son regard? mais, dans ses yeux, n'avez-vous pas lu sa pensée?

— Rassurez-vous, ma fille, répondit l'abbé qui tâchait d'inspirer à Gabrielle une confiance qu'il n'avait pas lui-même; rassurez-vous, Hector et M. de Kernis ont été ce qu'ils devaient être. Ce matin, vos craintes étaient exagérées ; prenez confiance, ne désespérez pas de l'avenir.

Madame de Valcreuse secoua la tête en signe d'incrédulité.

— Et puis, mon enfant, reprit l'abbé, pourquoi donc s'inquiéter si obstinément de l'avenir ? Qui sait où nous serons demain ?

— Partir sans me voir, sans me dire un mot d'adieu ! murmura Gabrielle d'un air sombre. Vous avez raison, mon ami ; chaque jour se lève comme une menace nouvelle ; nous ne savons pas où demain nous reposerons notre tête. Eh bien ! c'est parce que l'avenir même le plus prochain ne nous appartient pas, qu'il a été cruel de partir ainsi. A-t-on le droit d'être cruel, quand on n'est pas sûr de se revoir ?

En ce moment, Irène entra, vive, alerte, joyeuse comme en ses plus beaux jours.

— Viens, dit-elle gaîment à sa cousine en lui passant les bras autour du cou, mademoiselle Armantine t'accuse déjà d'indifférence; viens au chevet de notre cher malade. Tu sais que ta belle-sœur l'a présenté à ton mari. Si tu avais entendu comme Hector lui parlait! M. de Kernis s'est battu hier comme un lion ; Hector s'y connaît, et c'est lui-même qui l'a dit. Al-

lons, viens ; M. de Kernis s'étonnerait à
bon droit de ne pas te voir.

Gabrielle jeta sur l'abbé un regard de
détresse.

— Mademoiselle Irène a raison, dit l'abbé ; venez, madame.

Et il offrit son bras à Gabrielle qui se
soutenait à peine. Pâle, tremblante, on eût
dit qu'elle marchait au supplice. Irène la
précédait en courant, légère comme une
gazelle. Il y eut un instant où madame de
Valcreuse, se sentant défaillir, s'arrêta, et
fit un mouvement comme pour retourner
en arrière ; mais l'abbé l'entraînant :

— Venez, ma fille, venez, lui dit-il, c'est votre devoir.

— Mon devoir, demanda Gabrielle, en êtes-vous bien sûr ?

— Oui, ma fille ; faites pour Hector ce qu'il a fait pour vous. Que penserait Irène, que penserait mademoiselle Armantine, si vous ne paraissiez pas au chevet de M. de Kernis ? Je comprends votre douleur ; acceptez-la comme une expiation. Venez, mon enfant, venez, répéta-t-il. Pourquoi trembler ? Votre défaillance vous calomnie ; n'êtes-vous pas guérie de votre égarement ?

A ces mots, madame de Valcreuse n'hésita plus, releva la tête et suivit l'abbé d'un pas assuré. En entrant, ils trouvèrent Irène, qui déjà avait rejoint mademoiselle Armantine. L'abbé conduisit Gabrielle au chevet du malade, qui avait tressailli au bruit de leurs pas.

— Vous, madame ! dit M. de Kernis avec l'accent du respect le plus profond. Je suis un sujet de trouble dans votre maison ; me le pardonnez-vous ?

Et, en parlant ainsi, il lui tendait la main.

Madame de Valcreuse prit la main de M. de Kernis, et, après l'avoir tenue quelques instants sans proférer une parole, la mit dans la main d'Irène.

Mademoiselle Armantine, témoin de cette scène, se sentit attendrie jusqu'aux larmes.

— Regardez-les, dit-elle à l'abbé qu'elle avait entraîné dans l'embrasure d'une fenêtre ; connaissez-vous un tableau plus charmant ? Enfin, tous mes vœux sont comblés. Gabrielle a deviné comme moi la passion mutuelle de ces deux jeunes gens. Ils s'aiment, ils se sont compris, ils sont heureux. Vienne la paix, qui ne saurait tarder longtemps, rien ne manquera plus désormais à notre bonheur.

L'abbé l'écoutait avec étonnement.

— Et pourtant, ajouta mademoiselle Armantine, vous vouliez l'envoyer à la ferme !

VIII

La blessure de M. de Kernis, était fermée; mais il n'était pas encore complètement rétabli. Irène et mademoiselle Armantine l'entouraient de soins touchants; elles passaient près de lui la meilleure partie de la journée, et la soirée tout entière. Le jour, elles travaillaient et tâchaient d'égayer sa convalescence par des entretiens sans fin ; le soir, Irène faisait la lecture. Mademoiselle Armantine, convaincue désormais que tous ses vœux allaient être comblés, avait retrouvé toute la vivacité, toute la verve de ses belles années. Oubliant avec une facilité merveilleuse la réalité pour la fiction, elle voyait dans M. de Kernis un chevalier blessé pour la défense de sa dame ; parfois, dans ses rêves poétiques, elle allait jusqu'à croire que c'était pour elle-même qu'il avait combattu ; mais ramenée bientôt au sentiment de la vérité par la présence d'Irène, elle s'effaçait généreusement et soupirait tout bas. Pour se consoler, elle répétait les vieilles histoires qu'elle laissait dormir depuis quelque temps, et que M. de Kernis, en hôte courtois, en auditeur résigné, saluait comme de nouvelles connaissances.

Madame de Valcreuse se mêlait rarement à leurs réunions. De loin en loin elle paraissait au chevet de M. de Kernis, toujours accompagnée de l'abbé, et se retirait au bout de quelques instants. L'état de sa santé qui n'avait pu résister à tant d'assauts, suffisait à expliquer la rareté et la courte durée de ses visites. Elle arrivait pâle, chancelante, se soutenant à peine et rentrait dans sa chambre, accablée, essayant vainement de se reconnaître au milieu des préoccupations confuses et tumultueuses qui l'assiégeaient. Elle tremblait à la fois pour M. de Kernis qui, à peine rétabli, allait se trouver exposé à la vengeance de M. de Valcreuse, et pour M. de Valcreuse dont la vie était chaque jour en péril. Cependant l'image de son mari, comme un phare allumé dans la tempête, dominait toutes ses pensées. C'était pour lui surtout qu'elle tremblait. Pendant le jour, parfois même au milieu de la nuit, elle entendait le bruit de la fusillade lointaine, et elle se disait que peut-être à cette heure son mari succombait. Pourquoi était-il parti sans la voir? pourquoi ne revenait-il pas? L'abbé partageait toutes les angoisses de Gabrielle; il ne la quittait guère et s'efforçait de la rassurer, mais sentait lui-même l'espoir s'affaisser dans son cœur.

Un soir, Irène faisait la lecture; mademoiselle Armantine brodait au crochet, M. de Kernis, accoudé sur son oreiller, les regardait à la lueur de la lampe. C'était par une belle soirée d'été; la fenêtre entr'ouverte laissait arriver la senteur des bois et des prés; attirés par la lumière, les phalènes bourdonnaient et se heurtaient aux vitres. A voir le calme qui régnait dans cette chambre et dans ces belles campagnes éclairées par les rayons de la lune, il eût été difficile de deviner que la guerre civile ensanglantait le pays.

Le livre que lisait Irène, bien que choisi dans la bibliothèque de mademoiselle Armantine, se trouvait être par hasard un livre simple, rempli de sentiments naturels, d'incidents facilement prévus, facilement amenés. La passion s'y exprimait sans effort, sans emphase; l'héroïne agissait et parlait comme tout le monde; en un mot, selon le goût de mademoiselle Armantine, c'était un livre vulgaire. Plusieurs fois déjà elle avait interrompu Irène, et donné cours à son mécontentement, à son ennui, à son dédain; plusieurs fois déjà elle avait exprimé hautement son aversion pour cette composition plate et décolorée, prise dans la nature, empruntée servilement à la réalité, complètement dépourvue du prestige de l'inattendu; enfin, pour mettre le sceau à cette critique judicieuse, elle s'endormit.

Irène qui n'avait pas sur la poétique du roman des sentiments aussi fins, aussi délicats que mademoiselle Armantine, s'intéressait ingénûment à cette lecture, et, par un instinct commun à toutes les jeunes filles, cherchait dans le cœur de l'héroïne l'image de son cœur. Entraînée par le mouvement du récit, elle ne s'aperçut pas d'abord de l'assoupissement de mademoiselle Armantine; cependant, arrivée à un passage pareil à ceux que la bonne demoiselle avait déjà relevés avec aigreur, comme elle se préparait à une nouvelle interruption, elle tourna la tête et vit mademoiselle Armantine profondément endormie. Étouffant un éclat de rire, elle regarda M. de Kernis et posa le livre sur ses genoux.

Depuis le jour où elle avait rencontré

M. de Kernis pour la première fois, depuis le premier entretien qu'elle avait eu avec lui sur la terrasse, vers la fin du bal, Irène ne s'était jamais trouvée seule avec lui; elle ne put se défendre d'un mouvement de joie.

— Qu'êtes-vous devenu, demanda-t-elle à voix basse, depuis le jour où vous nous avez quittés? vous ne me l'avez pas encore dit. Que vous est-il arrivé? Avez-vous du moins pensé à nous? Loin de nous comment s'écoulaient vos jours? Nous avez-vous quelquefois regrettés? Vous êtes-vous quelquefois souvenu de nos longues promenades, de nos douces causeries? Pour se consoler de l'exil, votre cœur prenait-il quelquefois le chemin de Valcreuse ? Vos rêves nous ont-ils visités ?

— Mon cœur n'a jamais quitté Valcreuse, répondit M. de Kernis avec un triste sourire.

— Est-ce bien vrai ? ne me trompez-vous pas ? est-ce, de votre part, courtoisie ou franchise ?

— A toute heure, mon âme se tournait du côté de Valcreuse ; c'est là que je vivais tout entier.

— Désiriez-vous revoir ce pays où nous nous sommes rencontrés, où nous avons passé ensemble de si heureuses journées ?

— C'était ma seule pensée, mon unique ambition.

A ces mots, Irène se sentit inondée de bonheur. L'éclat joyeux de son regard ne pouvait échapper à M. de Kernis, qui devina sa méprise et s'en affligea.

— Mais, poursuivit Irène, pourquoi donc vouliez-vous nous quitter encore? Pourquoi, au lieu de rester parmi nous, vouliez-vous aller à la ferme? Ne sommes-nous pas heureuses de vous soigner? ne le comprenez-vous pas? Parfois, je me surprends à craindre que vous ne soyez ingrat. Si vous saviez comme nous étions inquiètes, comme nous tremblions pour vous, tandis que vous étiez caché, attendant l'occasion de gagner la côte et de vous embarquer ! Si vous saviez notre anxiété ! si vous saviez notre joie quand nous avons appris que vous étiez sauvé ! Cependant vous étiez loin de nous, et cette joie n'était pas sans tristesse.

Comme M. de Kernis ne répondait pas, craignant d'encourager dans ce jeune cœur des espérances qui ne devaient pas se réaliser :

— Vous souvenez-vous, ajouta Irène, de cette belle matinée d'avril où nous nous sommes vus pour la première fois? Je vous vois encore à la portière de notre voiture, me tendant l'éventail que j'avais laissé tomber dans les ajoncs. Je voulais vous remercier, mais vous étiez déjà bien loin. Vous en souvenez-vous?

— Je ne l'ai pas oublié. Cette matinée restera dans mon cœur comme un des plus frais souvenirs de ma vie.

— Et vous rappelez-vous notre entretien, le soir, sur la terrasse? J'étais assise sur un mur tapissé de lierre, vous étiez debout devant moi. Vous me parliez, je vous écoutais; de temps en temps nous nous taisions pour prêter l'oreille au bruit des instruments, ou pour regarder les étoiles qui étincelaient au-dessus de nos têtes.

— Cette soirée restera dans ma mémoire comme une des fêtes les plus charmantes qu'aura traversées ma jeunesse.

— Vous étiez déjà triste, rêveur; depuis ce jour, je me suis bien souvent demandé la cause de votre tristesse. Maintenant, vous n'êtes plus triste, n'est-ce pas?

— J'ai bien souffert, répondit gravement M. de Kernis; la douleur a laissé dans mon âme des traces bien profondes.

— Vous avez souffert, tant mieux; ceux qui n'ont pas souffert ont-ils besoin d'être aimés? Notre affection vous consolera; car vous vous laisserez consoler? ajouta-t-elle timidement.

Puis confuse de ce qu'elle venait de dire et ne voulant pas lui donner le temps de répondre :

— Et le retour, poursuivit-elle, l'avez-vous oublié? Quelle belle nuit! Vous en souvenez-vous? La voiture roulait lentement et sans bruit entre deux haies d'aubépine en fleur. Mademoiselle Armantine dormait comme à présent; je songeais, à quoi? je ne le sais plus, quand tout à coup je vous vis apparaître à la portière où j'étais accoudée.

— Oui, quelle belle nuit! répondit M. de Kernis entraîné malgré lui par la grâce et la fraîcheur de ces souvenirs.

— Nous nous taisions, reprit Irène,

mais j'entendais ce que vous ne me disiez pas.

— La belle nuit ! ajouta M. de Kernis avec mélancolie et comme se parlant à lui-même : le ciel était pur, la plaine embaumée ; tout n'était autour de moi que promesses et enchantement; je crus un instant que je commençais une vie nouvelle.

— Un instant vous l'avez cru ; vous vous êtes donc trompé ?

— Qui pouvait prévoir alors ce qui devait arriver ? qui pouvait pressentir les malheurs suspendus sur nos têtes ?

— Cette vie nouvelle qui allait commencer pour vous, vous ne l'espérez donc plus?

— En ces temps de troubles et d'orages, à qui l'espoir est-il permis?

Irène baissa la tête, et deux larmes qu'elle essaya vainement de retenir roulèrent le long de ses joues. M. de Kernis vit ces larmes et comprit avec effroi que ce jeune cœur était atteint plus profondément qu'il ne l'avait pensé. Irène, dans sa douleur, était belle et touchante; il la regardait en silence, avec un sentiment de compassion qui était presque de la tendresse. Elle m'aime, se disait-il; si j'avais pu l'aimer, si la fatalité ne m'avait pas rejeté dans le passé, le bonheur était là, je n'avais qu'à étendre la main, et j'ai semé autour de moi la désolation et le désespoir.

Cependant la guerre devenait de plus en plus terrible; la Convention avait voté un décret qui enjoignait à ses généraux d'écraser la Vendée. Le terme irrévocable était fixé : le 20 octobre, l'insurrection devait être anéantie. Déjà les généraux qui répondaient sur leur tête de l'exécution des ordres qu'ils avaient reçus, se mettaient en mesure ; ils incendiaient sur leur passage les bois, les fermes, les châteaux, et ne laissaient derrière eux que la solitude et la dévastation. Déjà d'Elbée ne tenait plus sous sa main toute la haute

Vendée ; Charette occupait encore le Marais ; mais les colonnes républicaines y pénétraient chaque jour plus avant.

Depuis son entrevue avec M. de Kernis, M. de Valcreuse n'avait pas reparu au château ; toutefois, il ne laissait pas passer un seul jour sans envoyer un courrier à sa sœur. Les nouvelles n'étaient pas rassurantes ; les engagements se multipliaient dans le voisinage. Mademoiselle Armantine elle-même perdait toute confiance, et comprenait enfin que, d'un instant à l'autre, il faudrait s'enfuir, se cacher. Cette crainte était devenue le sujet habituel de ses entretiens. Valcreuse était rendu à sa première destination, et tenait garnison. Le pont-levis était levé, les fossés inondés; la nuit, des sentinelles veillaient sur les plate-formes. Un détachement, envoyé par Hector, bivouaquait autour des murs.

M. de Kernis qui entendait chaque jour le récit des dangers auxquels M. de Valcreuse échappait comme par miracle, maudissait son inaction; son impatience allait jusqu'à la honte. Il était rétabli; il aurait pu partir; cependant il attendait son hôte. Il eût craint, en partant, de paraître se soustraire à une obligation sacrée; en restant, il croyait accomplir un devoir.

Un matin, comme il se promenait à grands pas dans sa chambre, les bras croisés sur sa poitrine, s'indignant de son repos et songeant avec amertume, avec colère, au serment qui l'enchaînait, il vit entrer l'abbé.

— Eh bien! demanda-t-il d'une voix ardente, avez-vous des nouvelles de M. de Valcreuse? quand revient-il? l'attendez-vous enfin?

— Je ne sais pas, monsieur le comte, quand nous reverrons Hector; mais vous pouvez, vous devez partir, répondit l'abbé avec autorité.

— Vous n'ignorez pas que ma vie appartient à M. de Valcreuse; si je pars, il croira que je manque à ma promesse.

Mon devoir est de l'attendre, et je l'attendrai.

— Il y a quelques jours, monsieur le comte, répondit l'abbé, il y a quelques jours, votre devoir était de rester : aujourd'hui, votre devoir est de partir. Je sais la promesse qui vous lie; mais Hector a pardonné. S'il oublie son ressentiment, ce n'est pas à vous à le réveiller. Au nom de la femme dont vous avez à jamais ruiné le bonheur, au nom de madame de Valcreuse, je viens vous sommer de partir. C'est elle qui m'envoie, c'est elle qui vous parle par ma bouche: Partez, ne cherchez pas à rencontrer Hector. Oui, c'est elle qui m'envoie: n'ajoutez pas un remords à son désespoir; qu'elle n'ait pas à se reprocher un jour le sang versé pour elle.

— La voix de madame de Valcreuse me sera toujours sacrée ; mais, que me proposez-vous ? Voulez-vous que je me déshonore ? Que dira M. de Valcreuse, s'il ne me retrouve plus chez lui ? il dira que je lui vole sa vengeance.

— Orgueilleux insensé ! s'écria l'abbé ; crains-tu donc le reproche de lâcheté ? Eh bien ! va montrer ton courage sur le champ de bataille : ce n'est pas à Hector, c'est à notre sainte cause qu'il faut offrir ta vie. Si tu veux mourir, la mort est partout autour de toi : qui t'arrête ? Répare noblement le mal que tu as fait ; pour expier ta faute, n'oblige pas l'homme que tu as offensé à se souiller d'un crime.

M. de Kernis hésitait.

— Monsieur le comte, reprit l'abbé d'une voix émue, madame de Valcreuse vous supplie de partir.

A ces mots M. de Kernis n'hésita plus.

— Je partirai, dit-il.

— Ne cherchez pas à rencontrer M. de Valcreuse; c'est Gabrielle qui vous en supplie.

— Eh bien! qu'elle soit satisfaite, que sa volonté s'accomplisse! répéta M. de Kernis avec un geste de résignation douloureuse.

Une heure après, un cheval l'attendait dans la cour. Irène et mademoiselle Armantine ne songeaient pas à le retenir. Dans ces temps de luttes héroïques, la place d'un homme de cœur était sur le champ de bataille. Ils étaient tous réunis au salon, et Gabrielle, qui n'avait pu se dispenser de venir recevoir les adieux de M. de Kernis, le remerciait du regard. Enfin délivrée d'une mortelle inquiétude, ses yeux exprimaient toute sa reconnaissance. L'abbé lui-même se réjouissait. Encore quelques instants, et M. de Kernis allait partir; encore quelques instants, et M. de Valcreuse ne retrouvait plus chez lui l'homme qui voulait s'offrir à sa colère, quand tout à coup un pas précipité retentit dans l'escalier. La porte s'ouvrit brusquement. Hector entra couvert de sang et de poussière, et marchant droit à M. de Kernis :

— Vous partiez, monsieur le comte ? Restez ; vous allez savoir ce que j'attends de vous.

XI

A la vue d'Hector, M. de Kernis seul n'avait pas pâli; en le voyant paraître, le visage défait, les cheveux en désordre, les vêtements couverts de sang et de poussière, Irène et mademoiselle Armantine avaient été saisies d'effroi; Gabrielle et l'abbé, qui en ce moment n'étaient préoccupés que d'une seule pensée, ne doutaient pas qu'il ne vint pour se venger. Par un mouvement spontané, ils se jetèrent tous deux entre Hector et M. de Kernis : ils ne savaient pas combien les idées de vengeance étaient loin de ce noble cœur. M. de Valcreuse les écarta doucement.

— Monsieur, dit M. de Kernis avec fermeté, quoi que vous attendiez de moi, vous ne l'attendrez pas longtemps.

M. de Valcreuse, à qui l'émotion et la rapidité de la course avaient coupé la voix, se recueillit pendant quelques instants; Irène et mademoiselle Armantine, Gabrielle et l'abbé l'entourèrent et attendirent avec une égale anxiété ce qu'il allait dire. M. de Kernis se tenait à quelques pas devant lui, dans une attitude calme et digne.

— Tout est perdu, dit enfin M. de Valcreuse en élevant la voix. La fortune a trahi nos efforts; encore quelques jours, et la Vendée ne sera plus qu'un monceau de ruines. MM. d'Elbée, de Lescure, de Larochejaquelin tiennent encore le haut pays et se défendent en héros; mais traqués, harcelés, ils seront écrasés. Je sais déjà qu'on agite dans le conseil de la grande armée le passage de la Loire. S'ils passent la Loire, c'en est fait d'eux. Le paysan vendéen ne se bat bien que chez lui; loin de son champ, il perd la moitié de son énergie. Ils passeront la Loire, ils y seront forcés, et le jour où ils franchiront cette limite fatale, le foyer de l'insurrection sera éteint; il n'en restera plus que les cendres dispersées. M. Charette tient encore le Marais; mais les colonnes républicaines nous envahissent comme la marée montante. Plus d'une fois déjà le canon a grondé à vos portes; plus d'une fois vous avez vu à l'horizon la fumée de la mousqueterie. Tout ce que je pouvais humainement faire pour vous protéger, je l'ai fait; bientôt il ne nous restera qu'à nous ensevelir sous les murs du château.

— Eh bien! mon frère, répondit mademoiselle Armantine, nous sommes, Dieu merci, d'une famille où l'on sait bien mourir. Notre père, plutôt que d'amener son pavillon, s'est fait sauter avec sa frégate. Il nous a tracé notre conduite; nous ne mentirons pas à notre sang, nous nous ensevelirons sous les murs du château.

— Bien, ma sœur! reprit M. de Valcreuse avec orgueil; vous êtes la digne fille d'une race de guerriers.

— Nous mourrons tous ensemble, s'écrièrent à la fois les trois femmes et l'abbé, se pressant autour de lui.

— Je n'ai jamais douté de votre courage, de votre dévoûment, poursuivit Hector avec émotion; mais je vous sauverai. Je n'ai pas attendu jusqu'à ce jour pour songer au salut de vos têtes; j'ai depuis longtemps pris soin d'assurer votre destinée à l'étranger. Je vous instruirai de tout ce que j'ai fait, de tout ce que j'ai dû faire. Le temps nous presse, il faut partir cette nuit même. Ecoutez-moi sans m'interrompre, nous n'avons pas un instant à perdre. J'ai balayé la route de Valcreuse à la mer; mes soldats échelonnés assurent votre fuite jusqu'à la côte. J'ai la parole de M. Charette qui couvrira votre départ. Une chaloupe vous conduira à Noirmoutiers, où notre drapeau flotte encore.

— Mais, vous! s'écrièrent en même temps les trois femmes, ne viendrez-vous pas avec nous?

— Dans deux jours, répliqua M. de Valcreuse, j'irai vous rejoindre à Noirmoutiers, et de là nous passerons en Angleterre. Je ne dois pas quitter le pays avant d'avoir assuré le sort de mes troupes et de mes serviteurs. Ce n'est pas tout, ajouta-t-il faisant un effort sur lui-même; j'ai dû faire choix d'un homme de cœur qui vous protégeât jusqu'au moment où je serai près de vous. Tous les chefs sur qui je pouvais compter sont morts maintenant, ou hors de combat. Vous, mon ami, vous êtes bien vieux, dit-il en se tournant vers l'abbé; je ne veux pas vous accabler d'une si lourde tâche. Noirmoutiers, pris et repris, n'est qu'un camp en désordre, au milieu duquel je ne puis abandonner ces trois femmes. C'est à vous que j'ai pensé, monsieur le comte : la tâche que je ne puis remplir moi-même, c'est à vous que je la confie. Vous êtes brave, vous l'avez prouvé; je vous ai vu à l'œuvre. Ce n'est pas pour accomplir un pareil devoir que vous êtes rentré en France, je le sais; mais est-il un devoir plus sacré que celui que je vous impose?

— Je n'ai rien à vous refuser, Monsieur, répondit sans hésiter M. de Kernis; j'accepte avec orgueil la mission dont vous me chargez.

— J'avais compté sur vous, Monsieur, je ne m'étais pas trompé.

— Mais, mon frère, pourquoi ne pas partir tous ensemble? demanda mademoiselle Armantine.

— Mais, dit Irène, puisque vous devez nous rejoindre dans deux jours, pourquoi ne pas vous attendre ?

Gabrielle et l'abbé se taisaient, mais regardaient Hector avec épouvante.

— Il faut que vous partiez cette nuit même, répondit M. de Valcreuse; demain peut-être il serait trop tard. Demain peut-être, au point du jour, le château sera attaqué; quand vous l'aurez quitté, je le quitterai moi-même pour n'y plus revenir. D'ailleurs, j'ai tout disposé pour votre départ; le vent est bon, tout favorise votre fuite. Qui sait si dans deux jours les mêmes chances se représenteraient ?

— Mais, vous, mais, vous, mon frère? répéta mademoiselle Armantine.

— Moi, ma sœur, j'irai vous retrouver, en doutez-vous? Soyez sans inquiétude; ce voyage, difficile et dangereux pour vous, est pour moi facile et sans danger. Préparez-vous donc à partir.

En achevant ces mots, il se retira, et, comme il entrait dans sa chambre, il vit arriver Gabrielle et l'abbé qui l'avaient suivi.

— Hector, demanda Gabrielle d'une voix impérieuse, êtes-vous sincère? ne me cachez-vous rien?

— Me promettez-vous, dit à son tour

l'abbé, qu'il ne s'agit pas d'un coup de désespoir?

— Viendrez-vous nous rejoindre?

— Serez-vous près de nous dans deux jours?

— Si j'avais voulu mourir, répliqua M. de Valcreuse, n'aurais-je pas déjà trouvé la mort?

— Viendrez-vous nous rejoindre? dans deux jours serez-vous près de nous? répéta d'un ton bref madame de Valcreuse. Hector, vous nous trompez, vous nous cachez quelque chose, ajouta-t-elle attachant sur son mari un regard qui semblait plonger jusqu'au fond de sa pensée.

— Je ne vous trompe pas, je ne vous cache rien, répondit Hector avec calme; vous me reverrez dans deux jours. Allez, mon ami; allez, Gabrielle; déjà le jour baisse; à la nuit tombante, il faut partir; je vous accompagnerai jusqu'à la côte.

Pendant ce rapide entretien, Hector avait gardé un front si serein, un œil si tranquille, que madame de Valcreuse et l'abbé le quittèrent entièrement rassurés sur ses intentions.

Le reste de la journée s'écoula au milieu des préparatifs du départ. Cette extrémité était prévue depuis si longtemps qu'elle n'étonna personne. Tant d'autres familles avaient été réduites à fuir le pays, que les habitants de Valcreuse ne pouvaient s'étonner que d'une seule chose : d'être demeurés si longtemps dans leur retraite. Une pensée consolante soutenait Irène : elle se disait, en souriant à travers ses larmes, qu'une fois arrivé à Noirmoutiers, M. de Kernis se déciderait peut-être à les suivre jusqu'en Angleterre. Il y avait dans les dangers qu'elle allait affronter sous la sauvegarde de l'homme qu'elle aimait, quelque chose qui la charmait en secret.

La nuit était venue : une de ces nuits sans lune et sans étoiles, telles que peuvent les souhaiter les proscrits. Tout était prêt pour le départ. Le berlingot était attelé dans la cour, deux chevaux sellés piaffaient au pied du perron. Les serviteurs, debout, rangés dans la salle d'entrée, attendaient au passage la famille fugitive pour lui dire un dernier adieu. Ils savaient qu'Hector reviendrait ; mais ils ne devaient plus revoir mademoiselle Armantine, ni madame de Valcreuse, ni l'abbé, ni cette jeune et charmante Irène qu'ils aimaient tous comme un enfant qui eût grandi au milieu d'eux. Ils étaient graves, silencieux ; mais quand la porte s'ouvrit, et qu'ils virent paraître les femmes en habit de voyage, tous les cœurs éclatèrent, tous les yeux se remplirent de larmes, et l'on n'entendit plus que des sanglots. A cette heure suprême, toutes les distances s'effaçaient : il n'y avait plus ni maîtres ni serviteurs ; il ne restait plus que des amis qui allaient se séparer pour toujours. Chère dame! chères demoiselles! disaient-ils en couvrant de baisers les mains de mademoiselle Armantine, d'Irène et de Gabrielle; et toutes trois les embrassaient en pleurant. Ils se pressaient autour de l'abbé qui avait toujours été si bon, si excellent pour eux. Rosette seule, qui se tenait à l'écart, semblait ne prendre aucune part à cette scène. Madame de Valcreuse, qu'elle aimait d'une affection si passionnée, s'éloignait pour ne plus revenir, et pourtant Rosette ne pleurait pas.

Déjà M. de Valcreuse et M. de Kernis étaient en selle. Les trois femmes et l'abbé montèrent en voiture; sur un signe d'Hector, la voiture s'ébranla et roula sur le pont-levis. Gabrielle et Irène penchèrent la tête à la portière, pour jeter un dernier regard sur ce château où elles avaient été accueillies avec tant de bonté, avec tant d'amour, où, dès qu'elles avaient paru, tout le monde s'était empressé de leur sourire, de les fêter.

La voiture s'avançait en silence, escortée par Hector et M. de Kernis. De temps en temps M. de Valcreuse donnait l'ordre d'arrêter, prêtait l'oreille, poussait une reconnaissance et revenait à la portière. De demi-heure en demi-heure, ils rencontraient des détachements échelonnés sur la route; au cri de qui vive, on faisait halte; Hector prononçait le mot d'ordre, et la voiture se remettait en marche entre deux haies de soldats qui présentaient les armes.

C'est ainsi qu'ils achevèrent le trajet de Valcreuse à la côte. Pendant le voyage, ils n'échangèrent pas une parole. Parfois Gabrielle s'accoudait à la portière et cherchait dans l'ombre le visage triste et sévère d'Hector, tandis qu'Irène devinait et suivait, plutôt de la pensée que du regard, les mouvements de M. de Kernis. Qu'il y avait loin de cette nuit lugubre à la nuit que, naguère encore, Irène se plaisait à rappeler! Et pourtant cette nuit lugubre n'était pas sans charme pour Irène; mais que dut-il se passer dans le cœur de Gabrielle, dans le cœur de M. de Kernis, lorsqu'ils entendirent le mugissement des vagues, lorsqu'ils reconnurent, à la lueur des feux de bivouac, cette plage qu'ils avaient foulée ensemble quelques mois auparavant?

La voiture s'arrêta; les trois femmes et l'abbé descendirent; M. de Valcreuse et M. de Kernis avaient mis pied à terre. Hector, qui marchait en avant, les guida vers une anse où se trouvait la chaloupe qui devait les emporter. M. de Kernis donnait le bras à mademoiselle Armantine; Gabrielle et Irène avaient pris chacune un des bras de l'abbé. La marée achevait de monter; le vent soufflait de terre; dans une heure on pourrait partir. La nuit était chaude. Ils attendirent sur la côte le moment de mettre à la voile.

Debout, immobile, les bras croisés sur sa poitrine, Hector se tenait à quelque distance, et contemplait d'un air sombre cette mer qui lui avait révélé des secrets si terribles. En entendant le sable crier derrière lui, il se retourna et vit l'abbé qui venait à lui.

— Hector, lui dit l'abbé, je t'ai élevé; tu as été, tu es encore l'orgueil de ma vie; tu es mon fils; c'est par toi que j'ai goûté les joies qu'il m'était interdit de connaître. Depuis vingt ans, je ne vis que pour toi. Tu m'as dit que je te reverrais dans deux jours; d'où vient donc que mon cœur se serre comme si je ne devais jamais te revoir, comme si j'allais te quitter pour toujours?

— Mon ami, mon père, rassurez-vous, répondit Hector maîtrisant son émotion. Depuis six mois, chaque fois que je vous ai quitté, nous pouvions ne plus nous revoir, et cependant Dieu nous a réunis. Pourquoi nous refuserait-il cette fois la grâce qu'il nous a si souvent accordée?

— Tu me le promets donc, mon enfant, dans deux jours tu viendras?

— Dans deux jours, je vous le promets, répondit M. de Valcreuse.

— Pourquoi ne pars-tu pas avec nous?

— Je vous l'ai dit, vous le savez; je reste

pour assurer le sort de mes soldats et de mes serviteurs.

— Dans ces temps malheureux, deux jours d'attente sont deux siècles.

— Ces jours seront aussi longs pour moi que pour vous; j'en compterai les heures avec impatience; mais ils passeront, et nous nous retrouverons pour ne plus nous quitter jamais.

— Et si ton espérance était déçue? si notre séparation devait être éternelle ici-bas? si nous ne devions plus nous retrouver que dans le ciel, ne te resterait-il pas un devoir à remplir?

— De quel devoir parlez-vous, mon ami ?

— Tu vas confier à l'océan ta sœur, ta femme, tous les êtres qui te sont chers ; toi-même tu demeures exposé à des dangers que tu ne peux prévoir. Et pourtant tu n'as pas pardonné, je le vois, je le sens. Laisseras-tu donc partir Gabrielle sans l'appeler dans tes bras, sur ton cœur ?

— Regardez cette plage, dit Hector, saisissant violemment le bras de l'abbé : c'est d'ici qu'ils se sont enfuis. Regardez cette mer, c'est elle qui me les a livrés.

— Eh bien ! mon enfant, c'est ici même qu'il faut pardonner.

Et prenant par la main Gabrielle qui s'avançait, il voulut la pousser dans les bras d'Hector ; mais M. de Valcreuse détourna la tête et s'éloigna à pas lents.

— Croyez-vous encore qu'il m'ait pardonné? demanda Gabrielle en sanglotant.

Elle cacha sa tête dans le sein de l'abbé.

La chaloupe était à flot ; le patron donnait le signal du départ. Mademoiselle Armantine se jeta dans les bras de son frère qui la tint longtemps pressée sur son cœur.

— Dans deux jours, Hector, dans deux jours, disait-elle.

— Oui, ma sœur, oui, sœur bien-aimée, répondit M. de Valcreuse couvrant son front de baisers. Et vous, chère Irène! ajouta-t-il en l'attirant dans ses bras.

Et il les réunissait toutes deux dans une même étreinte.

Mademoislle Armantine et Irène venaient de monter dans la chaloupe. Comme Gabrielle, appuyée sur le bras de l'abbé, se préparait à les suivre, elle se sentit tirer par le pan de sa robe.

Elle se retourna et reconnut Rosette.

— Toi ici, chère petite! lui dit-elle; je te croyais encore au château.

— Puisque vous n'y êtes plus, Madame, pourquoi serais-je restée? J'ai suivi votre voiture, et je m'en vais avec vous.

— Mais, pauvre enfant, sais-tu où nous allons?

— Ai-je besoin de le savoir? Je n'ai que vous au monde à aimer; où vous serez, je serai toujours bien.

— C'est que je vais bien loin, mon enfant.

— Où vous irez, j'irai, Madame.

Et, sans attendre la réponse de Gabrielle, Rosette s'élança comme un écureuil sur la chaloupe, et alla se blottir dans un coin.

M. de Kernis, témoin silencieux de cette scène qui se passait dans l'ombre, attendait à l'écart les derniers ordres de M. de Valcreuse.

Quand ils furent seuls sur la grève, Hector s'avança vers lui, et lui remettant un pli scellé de ses armes :

— Monsieur le comte, lui dit-il, vous ne

briserez ce cachet qu'en arrivant à Noirmoutiers.

Cela dit, M. de Valcreuse sauta en selle
et s'éloigna.

X

La chaloupe sur laquelle s'était embarquée la famille de M. de Valcreuse portait habituellement les dépêches de Charette à Noirmoutiers. Cette chaloupe ne marchait que la nuit et serrait la côte pour échapper aux croisières; elle faisait le service depuis plusieurs mois, et, grâce à sa légèreté, grâce à l'habileté du patron, elle avait toujours accompli ce double trajet sans attirer l'attention des vigies républicaines. Après avoir déposé les fugitifs à Noirmoutiers, elle devait, la nuit suivante, revenir à la baie de Bourgneuf.

Le vent était bon, la nuit sombre, et la chaloupe allait avec la rapidité d'une flèche. M. de Kernis se tenait debout à la proue; à l'arrière, l'abbé était assis près de madame de Valcreuse, Irène près de mademoiselle Armantine; Rosette s'était couchée comme un chien aux pieds de Gabrielle. Ils étaient tous silencieux, absorbés dans leurs pensées qui semblaient être les mêmes, et qui pourtant étaient bien diverses.

Sur cette frêle embarcation qu'un coup de vent pouvait renverser, qu'un boulet pouvait couler bas, mademoiselle Armantine, fuyant le toit de ses pères, fuyant son pays, chassée par la guerre civile, était pourtant moins triste et moins abattue qu'on ne pourrait le supposer. Elle savait que son frère avait assuré leur destinée à l'étranger ; elle ne croyait pas, d'ailleurs, que cet exil dût être de longue durée. Malgré les épouvantables malheurs dont elle avait été témoin, et qui venaient de la frapper elle-même, elle persistait à regarder la révolution comme une échauffourée, comme un soulèvement passager. Dans quelques mois, dans un an au plus, l'armée de Condé remettrait tout à sa place. Mademoiselle Armantine partait avec l'espoir du retour, et ne pensait pas avoir dit à son château un éternel adieu ; bientôt, elle y rentrerait triomphante. Enfin, elle ne doutait pas que son frère ne vînt la rejoindre dans deux jours, et cette conviction suffisait pour la rassurer complètement.

De toutes les espérances qui soutenaient mademoiselle Armantine, une seule était entrée dans le cœur d'Irène : Irène comptait naïvement sur la parole d'Hector. Quant au dénouement de la guerre, elle ne partageait pas les illusions de mademoiselle de Valcreuse. Cette enfant, que nous avons connue si légère, si frivole, si enjouée, était devenue grave à son insu : la passion, la douleur et les scènes auxquelles elle venait d'assister avaient mûri sa raison. Elle n'espérait plus revoir le château qui l'avait accueillie, où elle avait ressenti les premières émotions de l'amour : toutes ses pensées étaient concentrées sur M. de Kernis. En quelque lieu que le sort pût la jeter, elle ne se plaindrait pas, pourvu qu'il fût près d'elle. Parfois, quand la lune perçait la nuée, elle contemplait la figure de M. de Kernis qui se dessinait à la proue, et le bruit monotone de la vague qui brisait contre la chaloupe, la plongeait dans une douce rêverie.

Le cœur de Gabrielle était sombre comme le ciel, où ne brillait pas une étoile. Jusqu'à l'heure du départ, elle avait cru aux promesses de son mari ; elle espérait qu'il viendrait les rejoindre; mais à mesure qu'elle approchait de Noirmoutiers, sa confiance s'ébranlait de plus en plus. A peine en mer, de sinistres pressentiments s'étaient emparés d'elle. L'attitude d'Hector sur la plage au moment des adieux, son visage triste et sévère pendant le voyage de Valcreuse à la côte, son absence obstinée pendant le dernier séjour de M. de Kernis au château, les paroles qui lui étaient échappées dans leur dernier entretien, tout se réunissait pour la glacer d'épouvante. Elle croyait enfin deviner le sens des espérances de bonheur qu'un soir M. de Valcreuse avait fait luire à ses yeux. Il voulait la délivrer de lui-même; il ne viendrait pas. Elle assistait maintenant à l'accomplissement d'un projet qu'elle avait vu poindre, et qui ne s'était d'abord révélé à elle que sous une forme confuse. Ses craintes, d'abord vagues, indécises, ne sachant où se prendre, aboutissaient à une seule pensée : Hector ne viendrait pas.

Cette conviction avait chez l'abbé un caractère plus terrible encore ; non-seulement il sentait qu'Hector ne voudrait pas quitter la France, mais il s'accusait avec colère d'aveuglement, de stupidité, en songeant qu'il avait pu prendre au sérieux la parole d'Hector. Comment avait-il pu un seul instant ajouter foi à cette parole ? M. de Valcreuse n'était-il pas enchaîné par un devoir sacré ? Pouvait-il sans honte, sans déshonneur, abandonner la lutte où il s'était engagé ? L'abbé le connaissait et pourtant il s'était laissé duper comme un enfant. Hector ne viendrait pas parce qu'il ne voudrait pas, parce qu'il ne pouvait pas, parce qu'il ne devait pas venir.

Gabrielle et l'abbé ne se confiaient pas leurs terreurs; ils se taisaient tous deux, mais on eût dit qu'ils se comprenaient, car, de temps en temps, leurs mains se cherchaient et se pressaient dans l'ombre.

Quant à M. de Kernis, debout, immobile à l'avant, faisant abnégation de ses passions, de ses sentiments personnels, il se considérait comme un instrument entre les mains de M. de Valcreuse; il ne s'appartenait plus, son unique devoir était désormais d'obéir, il obéissait. M. de Valcreuse lui avait ordonné de conduire sa famille à Noirmoutiers, de la protéger, de la défendre; la loyauté chevaleresque interdisait à M. de Kernis de laisser sa pensée s'égarer au-delà.

Au point du jour, ils arrivaient à Noirmoutiers. M. de Valcreuse ne s'était pas trompé : Noirmoutiers n'était qu'un camp en désordre où l'on s'attendait d'heure en heure à être attaqué. Les rues étaient encombrées de caissons, les maisons pleines de blessés, rapportés après le dernier engagement qui avait rendu la place à l'armée royaliste. Ces paysans, si terribles sur le champ de bataille, se pliaient difficilement à la discipline dès que l'action était terminée. On eût dit une ville prise d'assaut la veille. M. de Kernis eut bien de la peine à trouver un asile où il pût abriter les êtres précieux qui lui étaient confiés. Désespérant d'y réussir par lui-même, il prit le parti de s'adresser au chef qui commandait la place. Au nom de M. de Valcreuse, on s'empressa de mettre à sa disposition une des rares maisons qu'avaient respectées les boulets et l'incendie. Dès qu'il les eut établis de son mieux, M. de Kernis se retira dans la chambre qu'il s'était réservée, et là, sans plus attendre, il brisa le cachet. Sous ce pli étaient enfermées trois lettres : l'une pour M. de Kernis, l'autre pour l'abbé, la troisième pour mademoiselle Armantine. M. de Kernis ouvrit celle qui lui était adressée.

« Monsieur le comte,

« De quelque douleur que vous m'ayez
« abreuvé, quelque soit l'étendue de votre
« faute, je fais la part de la fatalité
« dans ce drame terrible : je puis vous
« haïr, mais non vous mépriser. Vous êtes
« esclave de votre parole, vous me l'avez
« prouvé. Vous m'aviez offert votre vie,
« vous vous êtes souvenu de votre pro-
« messe. Tout ce que vous pouviez faire
« pour moi, après avoir brisé mon cœur,
« vous l'avez fait. Vous êtes loyal, vous
« êtes brave, digne, je le crois, du nom
« de vos aïeux. Le mal est désormais irré-
« parable; mon bonheur est à jamais per-
« du, la vengeance n'effacerait rien. Ce
« n'est donc pas à moi, c'est aux êtres

« chéris que je vous confie, qu'il faut offrir
« votre vie; une nouvelle tâche commence
« pour vous. Vous êtes de race militaire;
« vous savez ce que l'honneur me prescrit.
« Vous ne croyez pas, vous ne devez pas
« croire que je songe à déserter, à l'heure
« du danger, la cause que j'ai embrassée. La
« mission que je vous ai donnée n'est pas
« terminée, vous avez dû le prévoir en
« partant... Vous pouvez vous éloigner sans
« honte; je ne saurais m'éloigner sans
« déshonneur. Vous n'étiez pas venu pour
« combattre dans nos rangs; vos jours ne
« vous appartenaient plus. Votre destinée
« était engagée entre mes mains; votre
« devoir est d'aller où je vous envoie. Eh
« bien! c'est sur vous désormais, sur vous
« seul que repose tout entier l'avenir des

« êtres pour qui je ne peux plus rien. As-
« surez leur bonheur : c'est la seule répa-
« ration que je vous demande, que j'exige
« de vous.

« J'ai tout prévu, tout disposé pour votre
« fuite. En vue de Noirmoutiers, vous trou-
« verez à l'ancre le brick *la Perle*, dont le
« capitaine a reçu mes instructions, et
« n'attend que vous pour mettre à la voile.
« A peine arrivé, vous y conduirez ma fa-
« mille. Ma sœur, madame de Valcreuse et
« Irène doivent ignorer ma résolution. La
« nuit venue, dès que les trois femmes se-
« ront endormies, vous leverez l'ancre et
« gouvernerez sur les côtes d'Angleterre.
« Le lendemain seulement, vous remettrez

« à ma sœur, à son réveil, la lettre que je
« joins ici pour elle.

« Adieu, monsieur le comte ; que Dieu
« veille sur vous !

« HECTOR DE VALCREUSE. »

La lettre que M. de Kernis remit à l'abbé
était ainsi conçue :

« Mon ami,

« Je ne veux pas vous tromper plus long-
« temps, je ne veux pas user plus long-
« temps de ruse avec vous. Votre cœur
« m'est connu ; vous êtes fort, vous accep-
« terez ma résolution ; vous ne chercherez

« pas à éluder ma volonté. Je n'ai pas be-
« soin de vous expliquer ma conduite, à
« vous dont le dévoûment a rempli la vie
« tout entière. Tant que ma présence ici
« sera nécessaire, je resterai. Dieu seul
« sait donc quand il me sera donné de
« vous revoir. M. de Kernis vous fera part
« des instructions que je lui adresse ; ma
« sœur, madame de Valcreuse et Irène ne
« doivent savoir la vérité qu'en pleine mer,
« en se réveillant. Vous les consolerez,
« mon ami, vous les soutiendrez dans cette
« nouvelle et cruelle épreuve ; qu'elles sa-
« chent par vous que je suis resté pour
« l'accomplissement d'un devoir sacré.
« Mais vous, mon ami, mon père, qui vous
« consolera ? »

Dans la soirée, ils étaient tous réunis sur le brick qui devait les emporter, où mademoiselle Armantine et Irène espéraient revoir, le lendemain, M. de Valcreuse. A une encâblure de *la Perle* était mouillée la chaloupe qui les avait amenés et qui devait partir la nuit même. Irène et mademoiselle Armantine, épuisées par les fatigues du voyage, s'endormirent de bonne heure. M. de Kernis était sur le tillac; à l'entrepont, Gabrielle et l'abbé veillaient seuls. Depuis le moment du départ, c'était la première fois qu'ils pouvaient se parler librement.

— Mon ami, s'écria brusquement madame de Valcreuse, comme si ses pressentiments n'eussent attendu, pour éclater, que cette occasion; que ferions-nous, si Hector nous avait trompés, s'il ne devait pas venir?

— Pourquoi douter de sa parole? répondit tristement l'abbé.

— Pourquoi? vous me le demandez? Votre cœur ne vous dit-il pas qu'il nous trompe, qu'il ne viendra pas?

— S'il ne venait pas, mon enfant, ce n'est pas sa volonté qu'il faudrait accuser.

— S'il ne venait pas, que ferions-nous? répéta Gabrielle avec insistance, comme si elle n'eût pas entendu la réponse de l'abbé.

L'abbé se taisait et semblait chercher avec anxiété le moyen d'éluder cette question obstinée; Gabrielle le comprit, et poursuivant d'une voix ardente :

— Vous aimez Hector, vous l'avez élevé; il est votre fils, vous savez ce qu'il vaut. S'il était resté pour mourir, que feriez-vous ? votre place serait-elle ici ? Eh bien ! ajouta-t-elle sans laisser à l'abbé le temps de répondre, il ne viendra pas, il mourra.

A ces mots l'abbé se leva épouvanté, comme si le cri poussé par Gabrielle se fût échappé de son propre cœur.

— Que faire donc ? demanda madame de Valcreuse.

— Le sauver, répondit l'abbé.

— Le sauver, répondit Gabrielle, ou mourir avec lui.

Gabrielle prit le bras de l'abbé et se préparait à monter sur le pont, quand tout-à-coup elle se souvint d'Irène, de mademoiselle Armantine : elle ne pouvait partir sans les revoir une dernière fois. Elle se glissa dans la chambre où elles dormaient, les contempla tour à tour en silence, n'osant déposer un baiser sur le front d'Irène, sur la main de mademoiselle Armantine, et leur dit dans son cœur un suprême adieu. Au moment de les quitter, elle revint sur ses pas et s'arrêta encore une fois devant le lit d'Irène ; des larmes brûlantes s'échappèrent de ses yeux, et l'abbé fut forcé de l'arracher à cette contemplation douloureuse.

M. de Kernis se promenait sur le pont, inquiet, agité, n'osant interroger son cœur, ne sachant s'il devait se réjouir ou s'affliger, mais acceptant dans toute sa rigueur la mission que lui donnait M. de Valcreuse. Tout-à-coup il vit paraître Gabrielle au bras de l'abbé.

— Monsieur le comte, dit l'abbé avec autorité, M. de Valcreuse ne viendra pas, vous le savez; ma place, la place de sa femme est auprès de lui. La chaloupe va repartir avec les dépêches de Noirmoutiers ; donnez les ordres nécessaires pour qu'elle ne parte pas sans nous.

M. de Kernis allait répondre, Gabrielle lui ferma la bouche.

— Le devoir, l'honneur m'appellent près de lui, vous le savez mieux que personne, dit-elle avec fermeté.

M. de Kernis hésitait.

— Qu'attendez-vous pour donner les ordres ? reprit l'abbé. Quelle que soit la mission que M. de Valcreuse vous ait confiée, je vous absous, il vous absout d'avance.

— Vous voulez partir, dit enfin M. de Kernis ; mais savez-vous dans quel état vous trouverez le pays ? Savez-vous seulement si vous pourrez rentrer au château ?

— Soyez sans inquiétude, s'écria Rosette qui, assise au pied du cabestan, n'avait pas perdu un mot de leur entretien. Je connais des chemins sûrs où les *bleus* n'ont jamais passé. Que la porte du château soit ouverte ou fermée, j'entre à toute heure. Quand tout le monde dormait, quand j'avais passé la moitié de la nuit à courir les champs, j'ai toujours gagné mon gîte sans réveiller personne.

M. de Kernis sentit qu'il ne pouvait

combattre plus longtemps la volonté de Gabrielle. Madame de Valcreuse accomplissait un devoir dont il comprenait toute la sainteté. Il s'inclina en silence et n'hésita plus. Le capitaine du brick héla le patron de la chaloupe, et M. de Kernis lui donna l'ordre de prendre à son bord madame de Valcreuse et l'abbé.

L'heure de la séparation était arrivée, la chaloupe allait partir.

— Monsieur le comte, dit l'abbé, accomplissez maintenant la mission que vous a confiée M. de Valcreuse.

— Que cette mission vous soit chère,

ajouta Gabrielle d'une voix émue. Ce n'est pas seulement M. de Valcreuse, c'est moi aussi qui vous la confie. Veillez sur mademoiselle Armantine, veillez sur Irène. Que leur bonheur demande grâce pour notre égarement!

— Peut-être nous voyons-nous aujourd'hui pour la dernière fois, dit M. de Kernis; à cette heure suprême, me pardonnez-vous?

— Qu'Irène soit heureuse, répondit Gabrielle, et je vous bénirai.

Madame de Valcreuse et l'abbé passèrent à bord de la chaloupe, qui venait d'accoster le brick; Rosette les suivit.

Une heure après, la chaloupe quittait Noirmoutiers, et le brick faisait voile pour l'Angleterre.

XI

Gabrielle ne s'était pas trompée, M. de Valcreuse voulait mourir. Depuis longtemps il nourrissait cette pensée; mais tant qu'il avait cru être nécessaire à la sécurité, au bien-être de sa famille, il avait ajourné son projet. Maintenant qu'il avait assuré leur avenir, maintenant qu'il pouvait, sans égoïsme, se retirer de la vie, rien ne l'arrêtait plus dans l'accomplissement de sa résolution. Il était désormais inutile; pourquoi demeurer plus longtemps ici-bas? Il n'avait plus personnellement aucune espérance de bonheur, et il avait fait pour le bonheur des siens tout ce qu'il pouvait faire. Après le départ de la chaloupe pour Noirmoutiers, les soldats qu'il avait échelonnés sur la route de Valcreuse à la côte, s'étaient repliés sur le château. A vrai dire, sa troupe était cruellement décimée et se réduisait à une poignée d'hommes. En rentrant, il les trouva tous réunis dans la cour. Bien que la nuit fût déjà très avancée, les serviteurs étaient encore sur pied. Hector les rassembla dans une salle basse, et là, à la lueur des flambeaux :

— Mes amis, mes enfants, leur dit-il, vous avez grandi, vous avez vieilli à l'ombre de ces murs. Tant que j'ai pu vous protéger, je vous ai gardés près de moi. Aujourd'hui la fortune tourne contre nous. La partie est perdue. Demain, dans deux jours, au plus tard, le château, attaqué par les *bleus*, sera pris d'assaut et livré au pillage. Mes soldats et moi, nous avons résolu de le défendre jusqu'à la dernière heure. Cette demeure héréditaire de mes aïeux est arrivée sans tache jusqu'à moi; je ne veux pas l'abandonner aux outrages, aux souillures des bandes républicaines. Nous mettrons, s'il le faut, le feu aux quatre coins, et, quand l'ennemi pénétrera jusqu'à nous, il ne trouvera plus qu'un monceau de ruines et de cadavres. Partez, mes enfants. Vous m'avez servi fidèlement; je vous aimais, vous faisiez partie de ma famille. Je ne peux plus rien pour vous, ma tâche et la vôtre sont désormais accomplies. Allez, loin de ces murs dévoués à la flamme, chercher un asile sûr et tranquille, s'il en est encore un dans ce pays ravagé par la guerre. J'ai pourvu à tous vos besoins. Adieu donc, mes enfants, adieu.

En achevant ces mots, il leur tendit les mains. Yvon et Noëlic se détachèrent du groupe des serviteurs rangés en cercle autour de M. de Valcreuse.

— Nous ne partirons pas, nous mourrons avec vous, s'écrièrent-ils tous deux à la fois.

Le même cri s'échappa de toutes les poitrines. Ils se jetèrent tous à la fois sur les mains d'Hector qu'ils pressaient de leurs lèvres.

— Nous resterons avec vous, disaient-ils. Armez-nous, vous verrez si nous savons vous défendre.

— Votre maison est la nôtre ajouta Noëlic. C'est ici que nos pères sont morts, c'est ici que nous sommes nés. Nous n'avons pas fait la guerre ; mais vous êtes menacé, nous sommes soldats.

— Placez-nous au pont-levis, aux remparts, dit à son tour Yvon ; vous verrez si l'un de nous abandonne son poste ou lâche pied.

Et tous, d'une voix unanime, répétaient les paroles d'Yvon et de Noëlic. M. de Valcreuse, ému jusqu'au fond de l'âme, ne savait comment se séparer de ces braves gens.

— Mes amis, leur dit-il enfin, en demandant à rester près de moi, savez-vous ce que vous demandez? c'est la mort. Les *bleus* ne font ni grâce ni merci. Le château ne tiendra pas plus d'un jour. Vous n'avez qu'à choisir entre le fer et le feu; le feu engloutira ceux que le fer aura épargnés.

Les serviteurs ne furent pas ébranlés par ces paroles.

— Nous sommes prêts, répondirent-ils tous à la fois.

Hector, voyant qu'il ne pouvait les décider à la retraite, donna l'ordre de conduire hors du château les femmes et les enfants; puis se tournant vers les hommes :

— Préparez-vous donc à mourir, leur dit-il; vous le voulez, nous mourrons ensemble, nous mourrons d'une mort glorieuse.

Le jour venu, il se passa une scène déchirante. Il fallut user de violence pour renvoyer les femmes et les enfants, qui s'attachaient obstinément à leurs maris, à leurs pères, et refusaient de les quitter. Enfin, la volonté énergique de M. de Valcreuse triompha de la résistance. Les femmes et les enfants partirent, poussant devant eux les troupeaux, et bientôt le château n'enferma plus qu'une garnison héroïque.

Hector savait, à n'en pouvoir douter, que l'incendie et la ruine de son château étaient résolus. Les *bleus*, furieux d'avoir été battus et repoussés par lui à plusieurs reprisse, voulaient tirer de leurs échecs une vengeance exemplaire. Aucune barrière ne les séparait plus maintenant du château d'Hector; ils savaient que toute sa famille l'habitait, et ils se faisaient une fête de brûler dans son aire l'aigle dont ils avaient si souvent senti les serres victorieuses.

Toute la journée fut employée aux préparatifs de la défense. Les soldats, qui étaient presque tous des paysans de M. de Valcreuse, avaient refusé d'aller rejoindre l'armée de Charette ; eux aussi, ils voulaient mourir pour celui qui les avait nourris, qui les avait aidés, consolés dans leurs mauvais jours. Le pont-levis était levé et ne devait plus s'abaisser qu'au moment où les boulets ennemis en briseraient les chaînes. Les fossés, inondés depuis plusieurs semaines, promettaient d'arrêter les assaillants pendant quelques heures. Les plateformes étaient garnies de couleuvrines, les meurtrières hérissées de tromblons. Tous les points faibles avaient été visités et fortifiés. Sous la porte qui devait céder la première, on avait placé un baril de poudre. Aux quatre coins du château, d'après les ordres d'Hector, on avait disposé des fascines goudronnées.

Le jour se passa tout entier sans attaque serieuse. Une bande de *bleus* se présenta devant le château, mais, n'ayant pas d'artillerie, elle se retira en désordre, après avoir échangé quelques coups de feu avec la garnison. Exaspérés par cette escarmouche impuissante, ils reviendraient sans doute le lendemain, en force, avec du canon. M. de Valcreuse y comptait et se disposait à les bien recevoir.

Après avoir visité tous les postes, placé toutes les sentinelles, Hector se mit à parcourir les salles désertes de son château. Il longtemps dans la chambre de mademoiselle Armantine, et se rappela avec attendrissement les jours de son enfance. Sa sœur lui avait servi de mère, il l'avait toujours aimée d'une affection filiale; il se dit avec tristesse qu'il ne la reverrait plus, et ses yeux s'emplirent de larmes. En traversant la chambre de l'abbé, il s'arrêta quelques instants à contempler la chaise où il s'asseyait autrefois pour recevoir les leçons de son second père. Dans la chambre d'Irène, il se souvint avec mélancolie de cette jeune fille si heureuse et si gaie quand elle venait d'échapper au couvent, dont le bonheur avait été plus tard si cruellement traversé, qui aimait sans être aimée. Arrivé à la chambre de Gabrielle, il hésitait à entrer; poussé par une force invisible, il entra. Il commença par promener autour de lui un regard de colère ; mais il touchait à cette heure où, chez les grandes âmes, toute colère s'apaise, et bientôt il s'attendrit. Il marchait à pas lents et soulevait machinalement tous les objets qui avaient appartenu à Gabrielle, il touchait les vêtements qu'elle avait portés. Ramené à l'indulgence par la pensée de la mort prochaine, il se demandait s'il n'avait pas été trop dur, s'il n'avait pas traité avec trop de sévérité cette âme repentante ; puis il songeait à son amour méconnu, à tout ce qu'il avait souffert, à l'exil qui la réunissait à l'homme qu'elle aimait, et cette étincelle suffisait pour ranimer toute sa jalousie.

Le lendemain, quand le soleil se leva,

Hector salua son dernier jour avec une sombre joie. Les soldats et les serviteurs, réunis dans la cour, s'agenouillèrent d'un mouvement spontané; M. de Valcreuse, agenouillé au milieu d'eux, récita la prière du matin. La prière achevée, ils se levèrent pleins de courage, prêts à paraître devant Dieu, et coururent aux postes qui leur avaient été désignés. Il faisait une de ces belles matinées pures, sereines, resplendissantes, qui semblent inviter au bonheur.

La plaine était encore déserte et silencieuse; on n'entendait que le chant des oiseaux réveillés dès l'aube naissante, qui se poursuivaient dans les haies. Rien n'annonçait la scène de carnage qui se préparait.

Tout-à-coup on entendit le roulement sourd et lointain du tambour partir du fond des bois. La plaine était toujours déserte ; mais le bruit se rapprochait de plus en plus, et bientôt on vit déboucher les colonnes républicaines dont les baïonnettes étincelaient au soleil levant, et qui s'alongeaient et se déroulaient dans la campagne comme un immense serpent. Les *bleus* marchaient tambour en tête, suivis d'une artillerie formidable. Quand ils furent en face du château, le tambour se tut, il se fit un grand silence. La garnison, soldats et serviteurs, les avait vus s'avancer sans pâlir. C'était la mort qui s'avançait, mais les cœurs ne faiblissaient pas. Hector se tenait debout au milieu de sa troupe, les dominant tous de la tête. Il n'attendit pas le signal de l'attaque ; pour prouver aux assaillants qu'il ne voulait d'eux ni grâce ni merci, il commanda le feu et les salua d'une décharge de mousqueterie. Le château vomit la mort par ses crénaux, par ses meurtrières ; l'artillerie des *bleus* répondit au feu de la place.

Les assaillants croyaient, en arrivant, avoir devant eux une bicoque qui succomberait sous leurs premiers efforts ; ils s'aperçurent bientôt que c'était une ville fortifié qu'il faudrait prendre d'assaut. Les fossés étaient larges et profonds. Les murs d'enceinte, qui avaient résisté au travail des siècles, recevaient sans s'ébranler les boulets qui venaient les frapper. Les coulevrines des plate-formes faisaient dans les rangs des *bleus* de larges trouées. Les paysans placés aux meurtrières, tous habiles tireurs, ne perdaient pas un coup, et visaient de préférence les soldats qui faisaient le service des pièces. Plusieurs fois déjà les canonniers républicains avaient été remplacés, tandis que la garnison comptait à peine quelques blessés. Vers le milieu du jour, le feu cessa un instant des deux côtés. La colonne républicaine, habituée à combattre en rase campagne, n'ayant aucun officier capable de diriger un siège en règle, s'étonnait de la résistance qu'elle rencontrait, et comptait ses morts avec consternation. Après quelques minutes de répit, le feu recommença plus vif et plus terrible.

A cette seconde attaque, les *bleus*, las de harceler les murailles que leurs boulets égratignaient à peine, après avoir inutilement cherché par où ils pourraient ouvrir la brèche, pointèrent résolument leurs pièces sur le pont-levis. Déjà, une première fois, ils avaient essayé d'en briser les chaînes; mais le feu plongeant des créneaux et des meurtrières avait empêché l'accomplissement de leur projet. Cette fois, comprenant qu'ils n'avaient pas d'autre moyen de pénétrer dans la place, ils se laissèrent décimer sans lâcher pied et sans répondre à l'artillerie des assiégés. Tout-à-coup un cri de joie sauvage partit de leurs rangs :

une des chaînes venait de se briser. Vainement les paysans placés aux meurtrières redoublèrent d'adresse et de précision dans leur tir; les *bleus* pointaient toujours dans la même direction. Bientôt la seconde chaîne fut rompue, et le pont-levis s'abattit.

La colonne républicaine s'élança au pas de course, se rua sur le pont, et déjà les sapeurs abattaient à coup de hache la première porte, quand une explosion formidable se fit entendre. En un instant, toute la colonne fut enveloppée de fumée, l'air s'emplit de cris de rage et de détresse, et, quand la fumée, en s'élevant, laissa le sol à découvert, les premiers rangs n'étaient plus qu'un amas de lambeaux informes, de corps sans tête ou de têtes sans corps; quelques membres sanglants étaient suspendus aux murailles. Les *bleus* épouvantés firent quelques pas en arrière; puis, exaspérés, ils revinrent à la charge. La porte avait sauté, mais ils avaient devant eux une porte vivante : les assiégés, réunis dans la première cour, les reçurent à la baïonnette et firent, à bout portant, une décharge de mousqueterie qui les refoula une seconde fois.

Cependant, l'affaire une fois engagée dans la cour du château, la chance devait tourner contre les assiégés. Les *bleus*, revenus à la charge avec une nouvelle furie, et qui, bien que décimés, avaient encore l'avantage du nombre, gagnaient peu à peu le cœur de la place. L'adresse et la précision du tir ne pouvaient plus rien désormais : c'était un combat corps à corps. Hector se battait comme un lion forcé dans son repaire. Plusieurs fois déjà il s'était jeté au milieu de la mêlée ; mais on eût dit que la mort ne voulait pas de lui. Enfin, couvert de sang, épuisé, harassé, voyant que le flot des *bleus* montait toujours, sentant que l'heure était venue, il prit avec lui Noëlic et Yvon, qui combattaient à ses côtés, et les entraîna aux fascines, qu'il voulut allumer de sa main. Bientôt quatre gerbes de flammes s'élancèrent des quatre coins du château, et, tandis que le château brûlait, le combat se poursuivait dans la cour.

Décidé à mourir, mais à vendre chèrement sa vie, Hector traversait une salle basse et retournait à la mêlée, quand il vit s'ouvrir la porte d'une galerie souterraine, depuis longtemps oubliée, qui conduisait du château dans la campagne, en passant sous le parc; Gabrielle parut au bras de l'abbé. Hector pâlit et recula, comme à la vue de deux ombres.

Gabrielle s'avançait vers lui d'un pas ferme et rapide; la joie, une joie céleste rayonnait sur son visage.

— Malheureux! s'écria Hector, que venez-vous chercher ici? Pourquoi revenez-vous? ajouta-t-il d'un ton sévère, s'adressant à Gabrielle; pourquoi m'avez-vous désobéi? N'avez-vous pas compris que je voulais mourir seul, seul comme j'ai vécu?

— Je l'ai compris, répliqua Gabrielle, et c'est pour cela que je suis venue.

— Nous venions pour te sauver, dit l'abbé.

— Il est trop tard, repartit M. de Valcreuse.

— Oui, reprit Gabrielle d'un air triomphant, mais il n'est pas trop tard pour mourir avec vous.

— Vous êtes plus sévère pour vous que

je ne l'ai été moi-même, poursuivit Hector.

— Vous vous trompez, dit Gabrielle d'une voix douce et grave; je ne viens pas au-devant du châtiment, je viens demander une récompense.

— Les entendez-vous? s'écria M. de Valcreuse; les entendez-vous? La mort est là, c'est la mort qui s'avance.

— J'aime mieux, dit Gabrielle, la mort à vos côtés que la vie loin de vous.

— Pourquoi mourir? demanda Hector.

— Pour vous prouver, répondit Gabrielle, que j'étais digne de vivre près de vous.

— Près de toi, dit l'abbé, dans tes bras, sur ton cœur.

M. de Valcreuse regardait sa femme avec étonnement, avec admiration; et, comme si un voile se fût déchiré devant ses yeux :

— Je n'ai plus à pardonner, dit-il en lui tendant la main; mais fuyez, reprenez la route que vous avez suivie, vous pouvez encore vous échapper.

— Oui, dit l'abbé, fuyons ensemble. Des chevaux nous attendent dans la campagne, à l'issue de la galerie. Ils se battent dans la cour, l'issue est libre encore.

Et, d'une main convulsive, il s'efforçait de l'entraîner.

— Et mes soldats! s'écria Hector, et mes serviteurs qui tombent autour de moi! Partez, mon ami; partez, Gabrielle. Fuyez tous deux, laissez-moi mourir.

— Partez sans moi, dit Gabrielle à l'abbé.

En ce moment, la porte vola en éclats. Gabrielle, atteinte d'une balle, chancela et tomba dans les bras d'Hector. Elle appuya sa tête languissante sur l'épaule de son mari.

— Va, ne me plains pas, lui dit-elle d'une

voix mourante ; je suis bien heureuse, je puis te dire que je t'aime.

— Ah! mourir quand tu m'aimes, dit Hector pressant de ses lèvres ses lèvres déjà pâlissantes.

Une seconde décharge atteignit Hector, qui tomba aux pieds de l'abbé, tenant encore dans ses bras le corps affaissé de Gabrielle.

— Mon père, dit madame de Valcreuse, en relevant la tête et tournant les yeux vers l'abbé, bénissez-nous ; que nos deux âmes, séparées ici-bas par le destin, montent réconciliées, unies à jamais, jusqu'au trône du souverain juge.

— Bénissez-la, mon père, dit à son tour Hector, et priez Dieu de lui donner dans le ciel le bonheur qu'elle n'a pas eu sur la terre.

— Soyez bénis, nobles enfants, soyez bénis tous deux, dit l'abbé d'une voix solennelle, aussi calme, aussi serein que si la mort n'eût pas été en face de lui. Vous avez souffert, vous êtes sanctifiés par la douleur, le ciel s'ouvre pour vous, les anges vous appellent.

Comme il prononçait ces dernières paroles, étendant ses mains sur ces deux fronts déjà envahis par la pâleur de la mort, il fut atteint lui-même et tomba pour ne plus se relever.

XII

Quand mademoiselle Armantine et Irène s'étaient réveillées, déjà le brick *la Perle* était en haute mer et cinglait à pleines voiles vers les côtes d'Angleterre. Etonnées de se sentir emportées sur les flots, elles coururent à la fenêtre, cherchèrent Noirmoutiers du regard, et ne virent autour d'elles que l'immense océan. Elles appelèrent Gabrielle ; Gabrielle ne répondit pas. Elles montèrent sur le pont et n'y trouvèrent que M. de Kernis.

— Où allons-nous ? s'écria mademoiselle Armantine ; pourquoi sommes-nous partis sans mon frère ?

— Où est ma cousine ? où est l'abbé ? demanda Irène éperdue.

M. de Kernis, triste et grave, les prit par la main et les ramena dans leur chambre.

— Ce que j'ai fait, leur dit-il, je devais le faire.

Et il tendit à mademoiselle Armantine la lettre qu'Hector adressait à sa sœur.

«Chère sœur, disait Hector, subissez avec
« résignation le destin qui nous sépare.
« Soumettez-vous sans murmure à tout ce
« que fera M. de Kernis; il a reçu mes ins-
« tructions et n'agira que selon ma volon-
« té. Accordez-lui toute la confiance que je
« lui accorde moi-même, et soyez sûre
« qu'il saura la mériter. Quand vous lirez
« ces lignes, vous serez déjà bien loin de
« moi. Mon cœur se brise comme le vôtre
« en songeant que je vous quitte sans sa-
« voir quand je vous reverrai. Pardonnez-
« moi, ma sœur, de vous avoir trompée ;
« noblesse oblige : je ne pourrais déserter
« le théâtre de la guerre sans faire outrage

« au nom de nos aïeux. Peut-être votre ten-
« dresse se fût-elle réjouie de me voir à
« vos côtés ; mais tout bas votre orgueil
« se fût révolté. Que Dieu veille sur vous,
« et puisse la pensée que j'accomplis mon
« devoir, que je ne démérite pas, vous sou-
« tenir, vous consoler dans l'exil ! »

— Ah ! le cruel, il nous trompait, s'écria mademoiselle Armantine après avoir achevé la lecture de cette lettre : comment ai-je pu être assez folle pour le croire ? Ne devais-je pas savoir que, fidèle au sang héroïque de notre race, il resterait jusqu'au dernier jour, et n'abandonnerait pas la partie ? Croire qu'il viendrait nous rejoindre, n'était-ce pas le calomnier ? Ah ! j'étais bien inspirée quand je voulais demeurer près de lui.

— Mais, Gabrielle, mais, l'abbé, où sont-ils? demanda Irène.

— Ils sont partis, répondit M. de Kernis ; ils ont deviné la résolution de M. de Valcreuse, et je n'ai pu les retenir.

— Ils ont bien fait, répliqua vivement mademoiselle Armantine ; et moi, moi, sa sœur, je devais leur donner l'exemple.

— Ainsi, reprit Irène en pleurant, Gabrielle a deviné la pensée d'Hector, et elle ne m'en a rien dit; elle n'a pas voulu m'associer à son dévoûment. Cher Hector! j'aurais été si heureuse, si fière de partager tous vos dangers!

— Monsieur le comte, dit mademoiselle Armantine d'un ton ferme et résolu, qu'on nous ramène à Noirmoutiers; donnez les ordres nécessaires.

— Je regrette, mademoiselle, de ne pouvoir vous obéir, répondit M. de Kernis : j'obéis à votre frère.

— Vous avez bien laissé partir madame de Valcreuse et l'abbé, répondit fièrement mademoiselle Armantine. Leurs droits ne sont pas au-dessus des miens; ma place est auprès de mon frère. Monsieur le comte, je vous le répète, qu'on me ramène à Noirmoutiers.

— Si Hector doit mourir, nous voulons mourir avec lui, dit à son tour Irène. Monsieur de Kernis, refuserez-vous de faire pour nous ce que vous avez fait pour ma cousine et pour l'abbé Gervais ?

— Il m'est pénible, répliqua M. de Kernis avec respect, il m'est cruel de ne pouvoir me rendre à vos prières. Madame de Valcreuse et l'abbé sont partis malgré moi ; je dois obéir, j'obéis à M. de Valcreuse.

Vainement mademoiselle Armantine et Irène le supplièrent : M. de Kernis resta inébranlable.

—Séchez vos larmes, leur disait-il; vous reverrez M. de Valcreuse en des temps meilleurs. Jusqu'au jour qui vous réunira, que j'appelle de tous mes vœux, je veillerai sur vous, j'accomplirai pieusement la mission qu'il m'a confiée; je le remplacerai autant qu'il est en moi !

Et il trouvait de douces paroles pour leur peindre l'avenir. Il leur faisait un tableau consolant de la vie qu'ils allaient mener ensemble sur la terre étrangère : là, à l'abri de tout danger, ils attendraient le retour de la paix, et bientôt, il n'en doutait pas, ils reverraient M. de Valcreuse, ils reverraient Gabrielle et l'abbé. Dieu ne voudrait pas que des êtres si tendrement unis par une commune affection fussent à jamais séparés par le destin. Irène, en l'écoutant, ne pouvait s'empêcher de sourire à travers ses larmes. Elle aussi, l'héroïque enfant, elle eût voulu mourir près de son cher Hector; mais elle allait vivre près de M. de Kernis, et son cœur, à son insu, s'ouvrait à de nouvelles espérances. Mademoiselle Armantine, qui avait commencé par se révolter, s'apaisait peu à peu; cependant elle portait envie à Gabrielle; elle était surtout jalouse de l'abbé, et, dans sa douleur, d'ailleurs profonde et sincère, elle laissait échapper contre lui des boutades amères où toute sa rancune se trahissait. Elle pardonnait à Gabrielle, mais elle ne pouvait pardonner à l'abbé.

— Je le reconnais bien là, disait-elle; il

y a toujours eu dans sa conduite quelque chose de louche et de sournois. Il a toujours trouvé moyen de se mettre en avant aux dépens des autres. Dans le bien qu'il fait, il y a toujours de l'ostentation. En me laissant ici, il a voulu se faire valoir.

Puis, en songeant que peut-être elle ne le verrait plus, qu'elle ne l'avait plus là pour sa partie de tric-trac, pour subir avec résignation toutes ses taquineries, que demain elle chercherait vainement ce visage auquel ses yeux s'étaient depuis vingt ans habitués, elle éprouvait un sentiment de désolation ; tant l'habitude a de puissance sur notre pauvre cœur !

Après une traversée de quelques jours,

ils arrivèrent heureusement sur les côtes d'Angleterre. Ils se rendirent à Londres où M. de Valcreuse avait réussi à faire passer une partie de sa fortune. De son côté, M. de Kernis avait sauvé quelques débris de son ancienne opulence. Plus heureux que la plupart des émigrés obligés de travailler pour vivre, ils pouvaient facilement mener une vie conforme à leurs goûts, à leurs habitudes. Ils passèrent l'hiver à Londres, dans la solitude la plus complète. Mademoiselle Armantine elle-même, malgré la frivolité de son caractère, fuyait le monde et se nourrissait d'une seule pensée : son cœur était tout entier à Valcreuse. Chaque jour elle demandait vainement des nouvelles d'Hector et de Gabrielle. Elle ignorait la catastrophe que nous avons racontée, mais elle savait pourtant que la grande armée royaliste avait passé la Loire, et que l'insurrection vendéenne était désorganisée. Irène, malgré sa grâce et sa beauté, renonçait sans regret aux triomphes qui ne lui auraient pas manqué, si elle eût consenti à se produire dans les salons de l'aristocraite anglaise. M. de Kernis ne les quittait guère, et témoignait à Irène une affection fraternelle, à Mademoiselle Armantine une déférence respectueuse et filiale, en ayant soin, toutefois, de conserver près d'elle les apparences d'un sentiment plus tendre et plus passionné.

Le printemps venu, après avoir parcouru les environs de Londres pour leur trouver une retraite d'une élégante simplicité, il fit choix d'un cottage à Richmond. C'était une petite maison à deux étages, construite en briques, entre cour et jardin. A l'intérieur, tout respirait la richesse et le bien-être. Par une attention délicate, avant de les y conduire, il avait tout disposé pour rappeler à Irène et à mademoiselle Armantine l'appartement qu'elles occupaient à Valcreuse. Devant la grille de la cour, au bord de la Tamise, s'étendait une pelouse sombre et touffue, ombragée d'arbres séculaires, où paissaient en liberté de belles génisses noires. De chaque côté de la cour, entre la grille et la maison, s'alongeaient deux larges plates bandes où s'épanouissaient toutes les fleurs de la saison. En pénétrant pour la première fois dans cette habitation coquette et gracieuse, Irène battit des mains; quand elle se mit à sa fenêtre et qu'elle vit serpenter à ses pieds, entre deux rives couvertes d'une végétation luxuriante, la Tamise qu'elle n'avait encore aperçue qu'entre les murailles enfumées de Londres, elle ne put retenir un cri d'admiration. Mademoiselle Armantine ne se lassait pas de louer le goût exquis qui avait présidé au choix, à la disposition de l'ameublement. Au fond du jardin, était un pavillon que M. de Kernis devait habiter.

M. de Kernis n'oublia pas un seul jour, un seul instant la mission qu'il avait acceptée, les devoirs sacrés qui lui étaient imposés. Vainement l'ambition le sollicitait; il ne s'appartenait plus, il avait voué à ces deux femmes sa vie tout entière. Chaque matin, il venait prendre les ordres de mademoiselle Armantine, interroger les désirs d'Irène; les contenter en tout était son unique pensée. Il s'était d'abord révolté contre l'inaction, et demandé avec amertume si, dans le drame qui se jouait en France, il n'y avait aucun rôle pour lui; mais bientôt il avait réduit son orgueil au silence : il devait, comme un soldat fidèle, rester au poste que lui avait assigné la volonté de M. de Valcreuse, et ne pouvait déserter sans honte.

Cette mission qu'il avait d'abord acceptée comme une expiation nécessaire, lui devint peu à peu douce et facile. Il découvrit un jour que si la liberté lui eût été rendue, s'il eût été dégagé de sa promesse, il n'eût pas quitté sans douleur le poste où il avait cru, jusque-là, ne rester que par un sentiment d'honneur et de résignation. Mademoiselle Armantine était si aimable et si bonne, malgré ses travers! Irène était si belle et si charmante! Toutes deux paraissaient si touchées de ses soins! Irène lui témoignait sa reconnaissance avec tant de grâce! Elle lui souriait si franchement quand elle le voyait paraître! Comment eût-il fait pour ne pas se laisser prendre à l'attrait d'une vie si calme et si sereine? Par un privilège bien rare, tous les instincts de son cœur s'accordaient sans lutte avec la voix de sa conscience; il avait le mérite du devoir accompli, et ce devoir même était un bonheur.

Au bout d'un an, ils apprirent l'incendie de Valcreuse et la mort tragique d'Hector, de Gabrielle et de l'abbé. M. de Kernis savait seul pourquoi Gabrielle avait voulu mourir; Irène et mademoiselle Armantine devaient toujours ignorer ce terrible secret. Est-il besoin de peindre leur douleur? Les trois êtres chéris que la guerre avait moissonnés étaient l'éternel sujet de leurs entretiens. M. de Kernis et Irène parlaient sans cesse de Gabrielle; en croyant nourrir son désespoir, en croyant demeurer obstinément fidèle au passé, M. de Kernis nourrissait, à son insu, un nouvel amour, timide, mystérieux, qu'il n'osait s'avouer à lui-même, mais qui grandissait sous ses larmes. Trois ans se passèrent ainsi. Il se sentait aimé et se rappelait les dernières volontés, les dernières paroles de Gabrielle. Qu'Irène soit heureuse, avait-elle dit, et je vous bénirai. Il épousa Irène, croyant n'obéir qu'au dernier vœu de madame de Valcreuse, et ne s'aperçut pas qu'il obéissait à l'entraînement de son cœur. Le mariage se fit sans bruit, sans éclat; quelques-uns de leurs compagnons d'exil assistèrent seuls à la cérémonie nuptiale. La joie de cette journée, comme toutes les joies qu'on goûte loin de la patrie, fut voilée de tristesse. Mademoiselle Armantine songeait avec amertume à son frère, à sa sœur, à l'abbé, qui manquaient à cette fête; en arrivant au pied de l'autel, en voyant les deux époux agenouillés, elle ne put refuser un tendre souvenir au chevalier de R... et au marquis de C...., victimes héroïques de leur commune passion.

Dès que les portes de la France furent rouvertes aux émigrés par le gouvernement consulaire, ils rentrèrent dans le Bocage. Bien que le pays fût encore sourdement agité, bien que le parti royaliste n'eût pas encore renoncé à ses espérances, cependant on pouvait déjà y vivre en paix.

M. de Kernis et Irène eurent tous deux en même temps, sans se l'être confiée, la pensée d'acquérir le château où ils s'étaient rencontrés pour la première fois, et qui avait échappé aux ravages de la guerre civile. A peine arrivés, ils avaient accompli avec mademoiselle Armantine un douloureux pèlerinage : ils avaient visité les ruines de Valcreuse. Ils errèrent longtemps en silence dans ces salles dévastées, que déjà les ronces et les hautes herbes avaient envahies, qu'habitaient seuls maintenant la couleuvre et le lézard. Sur ce lieu où étaient morts Hector, Gabrielle et l'abbé, les paysans avaient élevé une croix; Irène, mademoiselle Armantine et M. de Kernis s'agenouillèrent au pied de cette croix. Quand les deux femmes se relevèrent, M. de Kernis errait seul à travers les ruines : Irène ne vit pas toutes les larmes qu'il versa.

Madame de Presmes, après s'être mêlée, à Coblentz, à Vienne, à toutes les intrigues, à tous les complots de l'émigration, revint en France et se distingua, sous la restauration, par sa dévotion fastueuse. Bien que sa vengeance eût porté ses fruits, elle ne put pas en jouir, car elle ignora toujours pourquoi Gabrielle était venue mourir près d'Hector, et elle apprit avec un sentiment de colère que M. de Kernis avait épousé Irène.

Et Rosette?

La petite bohémienne avait conduit Gabrielle et l'abbé au château par des sentiers connus d'elle seule. Au moment où elle démasquait l'entrée de la galerie souterraine, recouverte avec soin de broussailles qui la cachaient à tous les yeux, une balle égarée l'avait frappée. Elle tomba et tourna vers madame de Valcreuse un regard suppliant. Gabrielle s'était agenouillée près d'elle et la soulevait dans ses bras.

— Oh! madame, dit Rosette d'une voix mourante, j'ai une grâce à vous demander.

— Parle, mon enfant! parle, pauvre petite, s'écria madame de Valcreuse.

— Il y a bien longtemps que j'y pense, et pourtant je n'ai jamais osé; mais j'ai vécu pour vous, pour vous seule, je meurs pour vous, embrassez-moi.

Madame de Valcreuse avait posé ses lèvres sur le front de Rosette et recueilli son dernier soupir.

FIN.

Sceaux. — Imprimerie de E. Dépée.

ROMANS
DE MADAME LA COMTESSE DASH.

	vol.	fr. c.
LE JEU DE LA REINE.	2 in-8	15 »
MADAME LOUISE DE FRANCE.	1 in-8	7 50
L'ÉCRAN.	1 in-8	7 50
MADAME DE LA SABLIÈRE.	1 in-8	7 50
LA CHAÎNE D'OR.	1 in-8	7 50
LE FRUIT DÉFENDU.	4 in-8	30 »
LA MARQUISE DE PARABÈRE.	2 in-8	15 »
LES BALS MASQUÉS.	2 in-8	15 »
LE COMTE DE SOMBREUIL.	2 in-8	15 »
LE CHÂTEAU DE PINON.	2 in-8	15 »
LA POUDRE ET LA NEIGE.	2 in-8	15 »
MADAME LA PRINCESSE DE CONTI.	2 in-8	15 »
MADEMOISELLE DE LA TOUR DU PIN.	2 in-8	15 »

LE MEUNIER D'ANGIBAULT, par *George Sand*.	5 in-8	22 50
LES GROTESQUES, par *Théophile Gautier*.	2 in-8	15 »
MILLA ET MARIE, par *Jules Sandeau*.	2 in-8	15 »
LE CAFÉ DE LA RÉGENCE, par *A. Houssaye*.	2 in-8	15 »
UNE LARME DU DIABLE, par *Th. Gautier*.	1 in-8	7 50
LA COMÉDIE DE LA MORT, par *Th. Gautier*.	1 in-8	7 50
SUZANNE et la CONFESSION DE NAZARILLE, par *E. Ourliac*	2 in-8	15 »
FERNAND, par *Jules Sandeau*.	1 in-8	7 50
DEUX TRAHISONS, par *Auguste Maquet*.	2 in-8	15 »
TEVERINO, par *George Sand*.	2 in-8	15 »
CATHERINE, par *Jules Sandeau*.	2 in-8	15 »
LA MARE AU DIABLE, par *George Sand*.	2 in-8	15 »
LUCREZIA FLORIANI, par *George Sand*.	2 in-8	15 »
LES ROUÉS INNOCENTS, par *Théophile Gautier*.	1 in-8	7 50
MILITONA, par *le même*.	1 in-8	7 50

Sous Presse :

	vol
L'Étoile d'Orient, par Mme la comtesse *Dash*.	2 in-8.
La Peau de Tigre, par *Théophile Gautier*.	2 in-8.
Le Piccinino, par *George Sand*.	2 in-8.
Or et Fer, par *Félix Pyat*.	2 in-8.

SCEAUX. — IMPRIMERIE DE E. DÉPÉE.

www.ingramcontent.com/pod-product-compliance
Lightning Source LLC
Chambersburg PA
CBHW071331150426
43191CB00007B/700